Schnellkochtopf
Gerichte – mit Pfiff!

*Kochen nach Minuten —
nicht mehr wegzudenken aus einem
modernen Haushalt.*

Schnellkochtopf
Gerichte – mit Pfiff!

Von Isolde Bräckle

Humboldt-Taschenbuchverlag

humboldt-taschenbuch 251

Umschlagfoto: Württembergische Metallwarenfabrik
(WMF), Geislingen
8 Farbaufnahmen:
WMF (2), Oberschwäbische Metallwarenfabrik, Riedlingen (2),
Europa farbstudio, Offenburg (2), BEKA-schnellko (2)

Den Firmen Württembergische Metallwarenfabrik,
Oberschwäbische Metallwarenfabrik GmbH & Co. und
BEKA, Braun & Kemmler, Tübingen,
danken wir herzlich für die Überlassung ihrer Werkfotos.

Das Titelfoto zeigt Fischröllchen in Tomatensoße (vgl. Rezept S. 83)

© 1975 by Humboldt-Taschenbuchverlag Jacobi KG, München,
für die gekürzte Taschenbuchausgabe
© 1972 by Kochbuchverlag Heimeran KG, München,
für die Originalausgabe »Gerichte aus dem Schnellkochtopf«
Druck: Ebner, Ulm
Printed in Germany
ISBN 3-581-66251-5

Inhalt

- 7 Grundregeln des Schnellkochens
  - 7 Schnellkochen – was ist das?
  - 8 Gesund, sparsam, rationell
  - 9 Töpfe und Pfannen
  - 11 Schnell und sicher
  - 12 Grundregeln für den Gebrauch
  - 14 Kochprozeß und Garzeiten
  - 20 Menükochen – eine echte Hilfe
  - 24 Schnellkochen und Tiefkühlkost
  - 27 Einmachen, Entsaften, Sterilisieren
  - 34 Kleine Pannen – schnell behoben
- 39 Suppen aller Art
- 54 Fleisch – saftig und kräftig
- 70 Wildgerichte für Kenner
- 74 Geflügel – zart und bekömmlich
- 79 Fischspezialitäten
- 87 Alles in einem Topf
- 97 Vitaminreiches Gemüse
- 117 Hausmannskost aus Hülsenfrüchten

120 Kartoffel-Allerlei
125 Reis, Mais und Teigwaren
132 Süße Puddings im Wasserbad
137 Nachspeisen und Kompotte
141 Register

Abkürzungen

EL = Eßlöffel	Pr. = Prise
TL = Teelöffel	P. = Päckchen
Msp. = Messerspitze	s. o. = siehe oben

Grundregeln des Schnellkochens

SCHNELLKOCHEN – WAS IST DAS?

Schnellkochen müßte eigentlich »Dampfdruckkochen« heißen, denn in den hermetisch verschlossenen Schnellkochgeräten wird das Kochgut unter Dampf und leichtem Überdruck gegart. Indes hat sich die Bezeichnung »Schnellkochen« bei uns so allgemein durchgesetzt, daß wir sie auch hier verwenden wollen. Die Wirkungsweise der Schnellkochgeräte beruht auf dem Prinzip der Erhöhung des Siedepunkts einer Flüssigkeit durch die Steigerung des auf ihr lastenden Drucks. Der erhöhte Druck wird durch den hermetisch verschlossenen Deckel erreicht; zur Regelung des Betriebsdrucks dient das Ventil. Dieser Druck ist bei den heute im Handel befindlichen Geräten maximal 1 atü (atü ist das Maß für den Überdruck = der Druck von 1 kg auf 1 qcm) und bei einigen Fabrikaten durch eine Stufenschaltung regulierbar. Normalerweise kocht bei uns – in Meereshöhe – Wasser bei 100° C. Bei 0,5 atü im Schnellkochtopf herrscht bereits eine Siedetemperatur von 111° C, bei 0,8 atü 116° C, bei 1 atü 120° C. Das ist ideal z. B. bei sehr niedrigen Druckverhältnissen; so könnten Himalaja-Expeditionen auf konventionelle Weise überhaupt nicht kochen, weil das Wasser in 6000 m Höhe im offenen Topf nicht den für die Garung nötigen Siedepunkt erreicht, im Schnellkochtopf ist das Kochen hingegen kein Problem. Durch die erhöhte Temperatur in den Schnellkochgeräten wird der Garpunkt der Lebensmittel schneller erreicht; damit verbunden ist eine Verkürzung der Garzeit, die je nach Art des Kochguts bzw. der Druck- und Temperaturhöhe verschieden sein kann. Der Dampfdrucktopf wird also mit vollem Recht als »Schnellkochtopf« bezeichnet.

In den ersten Nachkriegsjahren kamen im Zeichen der Energieersparnis zunächst viele »unechte« Dampfkochtöpfe auf den Markt, die zwar ein Turmkochen ermöglichten, aber keinen echten Überdruck erzeugen konnten. Später wurden diese Töpfe mehr und mehr von den »echten« Schnellkochtöpfen abgelöst, die heute für moderne Hausfrauen zur selbstverständlichen Küchenausstattung gehören, ebenso wie Schnellbratpfannen, die als Zweitgerät oder für Ein-Personen-Haushalte ideal sind.

GESUND, SPARSAM, RATIONELL

Das überzeugendste Argument für das Kochen unter Dampfdruck ist sicher die enorme Zeitersparnis durch die Verkürzung der Garzeit, die einerseits eine Arbeitserleichterung für die Hausfrau bedeutet, andererseits eine vollwertige Nahrung garantiert.
Diese Zeitersparnis hängt natürlich von den Ernährungsgewohnheiten und dem gesamten Kochprogramm des betreffenden Haushalts ab.
Für unsere Gesundheit ist Schnellkochen ebenfalls von großer Bedeutung. Mit jeder Minute der Erhitzung sinkt der Wert unserer Nahrung. Kurze Kochzeiten hingegen und vor allem der völlige Ausschluß des Sauerstoffs der Luft durch den hermetischen Verschluß des Schnellkochtopfs garantieren eine schonende Zubereitung, bei der Vitamine, Mineralsalze und Spurenelemente trotz der hohen Gartemperaturen weitgehend erhalten bleiben.
Vorteilhaft auf Gehalt und Geschmack wirkt sich beim Schnellkochen auch die geringe Wasserzugabe aus. Die Speisen werden nicht ausgelaugt, sondern in kürzester Zeit gargedämpft. Die Mineralsalze der Speisen bleiben erhalten und kommen voll zur Geltung, wodurch nicht nur der Geschmack gehoben wird, sondern auch die Kochsalzzugabe weitgehend eingeschränkt werden kann.
Während des Garens verhindert der Dampfdruck, der auf den Speisen lastet, den Aromaaustritt. Duft und Aroma bleiben in ungeahnter Weise erhalten, ebenso die natürlichen, frischen Farben. Ein weiterer Vorteil des hermetischen Verschlusses: Die

Küche bleibt frei von Dampf und Dampfschmutz, die Wohnung wird nicht mehr von unangenehmen Kochgerüchen durchzogen.
Beachtlich ist auch die Energieersparnis, die wiederum mit der Kürze der Garzeit zusammenhängt.
Natürlich wird die größte Energieersparnis bei Gerichten mit langer Kochzeit und beim Menükochen (d. h. bei der gleichzeitigen Zubereitung mehrerer Gerichte mit gleicher Garzeit im Schnellkochtopf) erzielt.
Zeit- und Energieersparnisse mögen mit die Gründe dafür sein, daß Schnellkochtöpfe sich bei uns auch in der Gastronomie immer stärker durchsetzen. Dem Menükochen, das ein besonders rationelles Wirtschaften ermöglicht, haben wir übrigens ein ganzes Kapitel gewidmet (s. S. 20).

TÖPFE UND PFANNEN

Schnellkochtöpfe und *Schnellbratpfannen* von mindestens 10 verschiedenen Herstellerfirmen sind auf dem Markt, und doch sind alle in ihrem Grundprinzip gleich. Hochwertiges Leichtmetall, Edelstahl Rostfrei, Stahl mit farbiger Emailglasur sind die bevorzugten Materialien. Zu jedem Topf gehören *Einsätze* aus Aluminium oder Edelstahl, die im Topf aufeinander oder auf einen Einsatzträger (Dreifuß o. dgl.) gestellt werden und besonders beim Menükochen unentbehrlich sind. Sie sind gelocht oder ungelocht und haben teilweise Füßchen oder Ausbuchtungen im Einsatzboden, so daß sie nicht direkt auf dem Topfboden aufliegen. Zwischen Wasserspiegel und Einsatz soll mindestens 1 Zentimeter Zwischenraum sein, damit der Dampf sich ausdehnen kann und das Wasser nicht in den Einsatz gedrückt wird.
In den ungelochten Einsätzen bereitet man Suppe, Gemüse, gedämpftes Fleisch, Fisch, Reis und Süßspeisen zu. Im gelochten Einsatz kocht man Kartoffeln und verschiedene Gemüse. Auch als Siebeinsatz ist der gelochte Einsatz verwendbar.
Manche Töpfe haben neben Einsätzen noch ein Drahtkörbchen für Gemüse, Kartoffeln usw. sowie eine gelochte Bodenplatte, die als Rost dient. Sehr zu empfehlen ist, sich zu der mit dem Topf gekauften Einsatzgarnitur noch weitere Einsätze zu kaufen,

damit man beliebig kombinieren kann. Weitere Zubehörteile sind Eindünstgeräte, Entsafter u. ä. (s. S. 28).
Schnellbratpfannen (Schnellbräter) arbeiten nach dem gleichen Prinzip des hermetischen Luftabschlusses wie die Töpfe. Sie weisen auf der Innenseite meist eine Reformglasur oder Antikleb-Schicht auf und können ohne Deckel wie eine gewöhnliche Pfanne gebraucht werden. Ein Drahteinsatz zum Fritieren und Dämpfen oder eine gelochte Grillplatte sind »Extras« zu Schnellbratpfannen. Während Schnellbratpfannen mit einem Fassungsvermögen von 2–3 l typische Zusatzgeräte oder »Junggesellentöpfe« sind, gibt es bei den Schnellkochtöpfen so viele verschiedene *Größen*, daß wirklich für jeden Haushalt das Richtige dabei ist. Einzelpersonen kommen mit einer Schnellbratpfanne oder einem Topf um 3 l gut aus. Für zwei Personen benötigt man schon einen Topf mit 4–5 l und zwei Einsätzen, für einen 4-Personen-Haushalt sollte der Topf 5–7 l fassen und 3 Einsätze haben. Größere Töpfe (8–10 l) sind für große Familien oder zum Einkochen und Entsaften zu empfehlen. Allgemein gilt, daß es vorteilhafter ist, zwei kleinere als einen großen Schnellkochtopf zu haben. Man ist dann beweglicher bei der Zusammenstellung der Mahlzeiten. Die ideale Ergänzung zum Topf ist ohnehin die Schnellbratpfanne. Bleibt man beim Kauf von Topf und Pfanne oder mehrerer Töpfe verschiedener Größe bei der gleichen Type, so stimmen sowohl Durchmesser wie auch Deckel, Einsätze usw. überein, so daß alles Zubehör austauschbar ist.
Ein wesentliches Unterscheidungsmerkmal der Topftypen ist das im Deckel oder Griff sitzende *Kochventil*, das einerseits als Druckanzeiger dient, andererseits Überdruck ablassen soll: *Gewichtsventile* sitzen auf einem aus dem Deckel führenden Röhrchen; ihr Gewicht dient dem Druckausgleich. Sobald im Topf der richtige Druckausgleich herrscht, beginnt das Ventil, sich durch den aus dem Röhrchen strebenden Druck zu drehen oder zu schwanken. Nun muß die Hitze so gedrosselt werden, daß das Ventil sich noch gerade eben bewegt, und dieser Zustand muß bis zum Ende der Garzeit anhalten. Die Röhrchen dieser Ventile müssen immer gereinigt werden, damit der Topf funktionsfähig bleibt. Gewichtsventile ermöglichen keine Abstufungen des Drucks wie die komplizierter arbeitenden *Federventile*. Bei diesen wirken statt des Gewichts Federn dem aus der Ventilöffnung strebenden

Druck entgegen. Die feinere Feder schnellt einen Druckanzeigerstab in die Höhe, der durch Markierungen die Druckverhältnisse im Topf anzeigt. Die stärkere Feder läßt bei Überdruck kleine Löcher zutage treten, durch die der Druck entweichen kann.

Neu ist bei den Federventilen ein *Signal-Ventil*, das sich mit einem lauten Pfeifton meldet und gleichzeitig den Druckaufbau verlangsamt, wenn der zuläßige Druck einmal überschritten sein sollte.

Überhört man das Signal, so öffnet sich das Signal-Ventil immer mehr, so daß kein weiterer Druckaufbau erfolgt. Auch Federventile müssen gereinigt und überprüft werden.

SCHNELL UND SICHER

Obwohl alle Schnellkochgeräte seit vielen Jahren vollkommen narrensicher sind, halten sich immer noch Gerüchte, sie könnten »explodieren«. Tatsächlich hatten manche Geräte in ihrer »Kinderzeit« gewisse Fehlerquellen. Heute wird bei allen Herstellern Betriebssicherheit groß geschrieben, und staatliche Institutionen wachen darüber, daß alle Sicherheitsvorschriften – festgelegt in den »Güte- und Sicherheitsanforderungen des Deutschen Normenausschusses« – eingehalten werden.

Es ist z. B. Bedingung, daß nur einwandfreie Rohstoffe zur Herstellung von Schnellkochtöpfen verwendet werden. Die Oberflächen müssen kratz- und schlagfest sein; die Töpfe dürfen sich nicht durch den in ihnen entstehenden Druck verformen. Die Griffe müssen so angebracht sein, daß man sich nicht durch Berühren des heißen Topfkörpers die Finger verbrennt. Sie sollen nie heißer als 60° C werden. Jeder Topf muß eine optische oder akustische Anzeige für den Betriebsdruck haben; außerdem muß ein Ventil vorhanden sein, das dann anspricht, wenn der normale Betriebsdruck überschritten wird. Für den Fall, daß beide Einrichtungen versagen, müssen die Töpfe noch ein drittes Überdruckventil aufweisen, das bei 200–250%iger Überschreitung des Betriebsdrucks anspricht. Die Töpfe dürfen erst auf Druck kommen, wenn sie richtig verschlossen sind. Auch leicht verständliche Gebrauchsanleitungen werden gefordert.

Das Funktionieren der Sicherheitsvorrichtungen ist allerdings nur gewährleistet, wenn man selbst darüber wacht, daß die wichtigsten Teile des Topfes in Ordnung sind. Bei Töpfen mit Bajonettverschluß müssen Topf- und Deckelgriff exakt übereinander stehen, soll der Deckel dem Druck standhalten. Automatische Sicherheitsvorkehrungen sorgen dafür, daß Deckel- und Topfrand richtig einrasten.

Der Dichtungsring aus Gummi, der den Kontakt zwischen Deckel und Topf herstellt und gleichzeitig den Topf drucksicher abdichtet, erfüllt bei manchen Fabrikaten eine Sicherheitsfunktion: Falls das Ventil ausfällt, das überhöhten Druck ablassen soll (s. S. 10), wird der Dichtungsring aus Schlitzen im Deckelrand gedrückt. Bei anderen Töpfen wieder erfüllen im Deckel sitzende Gummipfropfen den Zweck, Überdruck entweichen zu lassen. Manche Töpfe haben außer dem Kochventil ein Sicherheitsüberdruckventil sowie eine Öffnungs- und Verschlußsicherung. Das Märchen von der »Bombe in der Küche« gehört damit endgültig der Vergangenheit an.

GRUNDREGELN FÜR DEN GEBRAUCH

Einige Grundregeln, die Ihnen den Umgang mit dem Schnellkochtopf (oder der Schnellbratpfanne) erleichtern sollen, vorweg:
1. Studieren Sie als erstes sorgfältig die *Gebrauchsanweisung* der Herstellerfirma.
2. Vor dem ersten Gebrauch muß der Schnellkochtopf (und ebenso die Schnellbratpfanne) *ausgekocht* werden. Man gibt ca. 1 l Wasser, evtl. mit Zusatz eines milden Spülmittels, in den Topf, schließt den Deckel, ohne das Kochventil einzusetzen, kocht kurz auf, kühlt den Topf ab, öffnet, spült mit klarem Wasser nach und trocknet wie üblich. Die Einsätze werden nur mit heißem Wasser ausgewaschen. Schnellkochtöpfe oder Schnellbratpfannen mit Antikleb-Schicht im Innern sollten nach dem Auskochen etwas erwärmt und dann die Innenseite leicht eingefettet werden. So bleibt die Beschichtung geschmeidig. Der Dichtungsring wird zweckmäßig vor dem ersten Gebrauch – ohne ihn herauszunehmen – leicht mit Speiseöl eingefettet; das erleichtert das Öffnen und Schließen des Topfes.

3. Die *Reinigung* der Schnellkochtöpfe ist sehr einfach. Sofort nach dem Kochen werden sie mit heißem Wasser – evtl. unter Zusatz eines Spülmittels – und Lappen oder weicher Bürste gereinigt. Die Deckelinnenseite mit Dichtungsring sowie das Kochventil reinigt man unter dem Wasserstrahl. Zur Reinigung heraus- oder auseinandergenommen werden Ring bzw. Ventil nur, wenn sie durch Speisereste verschmutzt sind.
Töpfe, Deckel und Einsätze nie mit sandhaltigen Scheuermitteln oder harten Putzschwämmen behandeln! Kalkrückstände lassen sich durch Auskochen mit Essigwasser leicht entfernen; verrußte Topfböden werden mit einem feuchten Tuch abgewischt.
4. *Nie* Schnellkochtopf oder Schnellbratpfanne *leer* auf die heiße Herdplatte stellen.
5. *Speisereste* sollten nie im Schnellkochtopf aufbewahrt werden. Sie könnten das Material angreifen. Auch verschlossen darf der Schnellkochtopf nicht in den Schrank gestellt werden. Man gibt am besten nach dem Reinigen und Trocknen Einsätze und Ventil in den Topf und legt den Deckel verkehrt darauf, damit der Dichtungsring vollkommen trocknen kann.
6. Beim Schnellkochen sollten Sie alle *Zutaten* schon fertig gewogen, geputzt und gewaschen griffbereit haben, ehe es losgeht. Nur beim Menükochen mit Kochunterbrechung haben Sie während des Vorgarens Zeit, das Kochgut mit der kürzeren Garzeit vorzubereiten.
7. Grundsätzlich sollte beim Schnellkochen *weniger gewürzt und gesalzen* werden als beim konventionellen Kochen. Einerseits bleiben die Mineralsalze der Nahrung unter Dampfdruck besser erhalten. Andererseits werden im Schnellkochtopf alle Gewürze geschmacksintensiver. Salzen kann man fast alle Speisen – mit Ausnahme von Reis, Mais und Teigwaren – erst nach dem Garen.
8. Zum Anbraten verwendet man nur *Fette mit hohem Siedepunkt* (Plattenfette, Butterschmalz, kalt geschlagene Öle). Butter und Margarine werden vorwiegend zum Dämpfen, Dünsten oder Abschmecken gebraucht.
9. Zum *Ablöschen* nach dem Anbraten sollte man nur so viel Flüssigkeit beifügen, als man Soße haben will. Übrigens kann man angebratenes Fleisch ruhig mit kaltem Wasser ablöschen,

ohne daß es hart wird – der Dampfdruck wirkt ausgleichend. Um Spritzen zu vermeiden, gießt man das Wasser am besten entlang der inneren Topfwand ein, wobei es sich bereits erwärmt.

10. *Anbrennen* oder *Ansetzen* wird im Schnellkochtopf bei exaktem Gebrauch eigentlich durch den Dampfdruck verhindert, es sei denn, die Hitze ist zu groß oder es ist nicht genügend Dampf im Topf. Einige wenige zum Ansetzen neigende Speisen sollten im Einsatz gegart oder im offenen Topf angekocht werden (s. S. 126). Bei manchen Töpfen beugt auch ein gelochtes Bodenblech (Siebrost) o. ä. dem Anbrennen vor.

11. Unentbehrlich zur exakten Einhaltung der so wichtigen Garzeiten ist ein *Kurzzeitmesser*, der beim Ablauf der Garzeit sein Klingelzeichen ertönen läßt. Er ist sogar schon mit Aufdruck der gebräuchlichsten Garzeiten erhältlich.

KOCHPROZESS UND GARZEITEN

Nutzen Sie möglichst von Anfang an die Vielseitigkeit eines Schnellkochtopfs. Hier eine Aufzählung der wichtigsten Kochmethoden:

Kochen mit Flüssigkeit
bei Suppen, Soßengerichten, Knödeln und Teigwaren: Soll das Kochgut dabei Geschmacksstoffe und Nährwert an die Flüssigkeit abgeben, wird es mit kaltem Wasser aufgesetzt (Brühe); soll es diese Werte behalten, gibt man es in die bereits kochende Flüssigkeit (Kochfleisch). Die Flüssigkeit darf höchstens ³/₄ des Topfinhalts einnehmen, besser weniger!

Dämpfen
Das Kochgut wird über siedendem Wasser oder einer dampfbildenden Speise im gelochten Einsatz (Siebeinsatz, Drahtkorb) oder mit wenig Wasser im ungelochten Einsatz gegart. Diese Zubereitungsart ist besonders vorteilhaft für Kartoffeln, Reis, Gemüse, Früchte, aber auch für Fleisch als Kinder- oder Diätkost.

Dünsten und Schmoren
Es geht auf dem Boden des Schnellkochtopfs bzw. der Schnellbratpfanne vor sich. Das Kochgut (z. B. Fleisch, Kartoffeln, Gemüse) wird in Fett angedünstet, dann mit wenig Flüssigkeit abgelöscht und unter Druck fertiggegart.

Braten
Hierfür eignet sich vor allem die Schnellbratpfanne, in der kleine Fleischstücke sowie Bratenstücke bis 750 g zubereitet werden können, erfreulicherweise mit sehr wenig Fett, da fast alle Schnellbratpfannen eine Teflonbeschichtung aufweisen. Man löscht mit noch weniger Flüssigkeit ab als beim Dünsten oder Schmoren und erhält so einen sehr konzentrierten Bratensaft, der nach Öffnen der Pfanne beliebig verlängert werden kann. Auch im Schnellkochtopf können Braten zubereitet werden; wichtig ist hier zur Erzielung einer kräftigen Soße scharfes Anbraten auf dem Topfboden und relativ sparsame Flüssigkeitsbeigabe. Soll der Braten eine Kruste haben, muß anschließend in der Pfanne im Backrohr nachgebräunt werden.

Kochen im Wasserbad
Bei dieser leider wenig gebräuchlichen Methode wird das Kochgut (Pudding) in einer verschlossenen Form oder einem gut abgedeckten Einsatz unter Dampfdruck gegart. Auf diese Weise kann man im Schnellkochtopf sogar »Kuchen« backen, denn die im Wasserbad gegarten süßen Puddings mit Backpulver- oder Hefezusatz schmecken erkaltet wie richtiger Kuchen und bleiben besonders lange saftig und frisch.

Kochen oder Braten im offenen Gerät
Schnellkochtopf und Schnellbratpfanne lassen sich ohne Deckel genau wie gewöhnliches Koch- und Bratgeschirr verwenden.
Beim Kochprozeß selbst unterscheidet man drei Perioden:

Ankochzeit
Sie beginnt mit der Wärmezufuhr und endet mit der Erreichung des vorgeschriebenen Druckes, der durch das Kochventil angezeigt wird. Man kocht immer mit voller Hitze und unter Wasserbeigabe auf dem Topfboden an, normalerweise bei verschlosse-

nem Topf. Ausnahme: Sehr eiweißhaltige und schäumende Speisen (Brühen, Hülsenfrüchte, Teigwaren, Rhabarberkompott usw.) müssen unbedingt bei offenem Topf angekocht und vor dem Schließen des Topfdeckels abgeschäumt werden. Ein wichtiges Problem ist die Wasserbeigabe. Die Wassermenge hängt in erster Linie von der Größe des Topfes ab, aber auch von der Menge und Art des Kochguts, der Länge der Garzeit sowie der Frage, ob man das Wasser nur zur Dampferzeugung braucht oder ob man damit eine Suppe oder Soße herstellen will. Je nach Rezept können auch andere Flüssigkeiten verwendet werden wie Brühe, Wein usw.

Braucht man das Wasser nur als Mittel zur Dampferzeugung, sollte man nicht zu sparsam damit umgehen. Mindestmenge bei kleinen Töpfen: 1/8 l, bei mittelgroßen Töpfen: 1/4 l, bei sehr großen Töpfen 1/2 l. Weniger Wasser gewährleistet keine ausreichende Dampfzirkulation, mehr ist nicht von Schaden, vor allem wenn man den Kochprozeß zwischendurch unterbrechen muß (Menükochen, Eintöpfe usw.), wenn das Kochgut viel Dampf aufnimmt (Fisch, Salzkartoffeln, Pudding), wenn man den Kochprozeß nicht genau überwachen kann oder will und deshalb mehr Wasser verdampft als bei dauernder Regulierung der Wärmezufuhr. Für Suppen und Soßen wird die Wassermenge bestimmt durch die gewünschte Flüssigkeitsmenge nach dem Garen sowie durch die Topfgröße. Bei kleineren Töpfen bedeckt man das Kochgut knapp mit Wasser und kocht einen Extrakt, den man später verdünnt. Nicht zuviel Wasser zugeben, da bei verschlossenem Topf ja nichts verdampfen kann!

Nach der Wasserzugabe setzt man eventuell die Einsätze mit dem Kochgut (und etwas Wasser wegen der Dampfzirkulation bei trockenem Kochgut) ein und verschließt nach Vorschrift so, daß beide Griffe (Stiele) genau übereinander stehen. Vor dem Schließen sollte man den oberen Topfrand mit einem sauberen Tuch abwischen, damit Fettspritzer vom Anbraten oder Ankochen nicht mit dem Gummi-Dichtungsring in Berührung kommen. Bei bestimmten Töpfen tritt noch ein besonderes Sperrventil o. ä. zum Verriegeln in Tätigkeit.

Sobald Dampf aus der Ventilöffnung (Ventilsitz) strömt, wird das Ventiloberteil eingeschraubt. Durch das Ausströmen entweicht der Sauerstoff, der Druck im Topfinnern steigt. Bei bestimmten Topfsystemen mit automatischem Aroma-Ventil wird das Kochventil sofort nach dem Schließen des Deckels eingeschraubt. Während des Ankochens bläst das automatische Aroma-Ventil den Luftstrom ab und schließt sich. Der volle Druck ist erreicht, wenn Gewichtsventile sich zu drehen beginnen, bei Federventilen die erste und später zweite Markierung (Ring, Rille) am Druckanzeigerstift sichtbar wird. Damit beginnt das Garen.

Garzeit
Nun wird auf dem Kurzzeitmesser die betreffende Garzeit eingestellt und die Wärmezufuhr so reguliert, daß der gewünschte Druck konstant erhalten bleibt. Die Regulierung der Hitze ist unterschiedlich, je nach Heizquelle. Im allgemeinen gilt für Elektroherde, daß man bei Beginn der Ventilanzeige (Ventildrehung bzw. 1. Markierung) bei Garzeiten bis 5 Minuten auf Stufe 0 zurückschalten kann und bei Garzeiten über 5 Minuten auf Stufe 1 oder 1/2. Der volle Druck wird meist schon durch die Speicherhitze der Elektroplatte erreicht, so daß rechtzeitig zurückgeschaltet – und damit Energie gespart – werden kann. Während Schnellkochplatten hierbei ideal sind, können Automatikplatten sich sehr ungünstig auswirken, da die Automatik sich oft in unpassenden Momenten wieder einschaltet. Beim Gasherd wird bei Ventilanzeige, d. h. bei Erscheinen der gewünschten Markierung, sofort auf Sparflamme gedreht, beim Kohleherd der Topf so weit beiseite geschoben, daß ebenfalls die gewünschte Markierung sichtbar bleibt bzw. das Ventil sich bei Gewichtsventilen weiterdreht. Nach einigem Probieren wird man schnell die dafür ideale Stelle auf dem Herd gefunden haben.

Beim Menükochen (s. S. 20) sowie bei Gerichten aus vielen verschiedenen Zutaten mit unterschiedlicher Garzeit (z. B. Eintöpfe) muß der Garprozeß unter Umständen unterbrochen werden, wenn man nicht das Kochgut mit der längsten Garzeit entsprechend zerkleinert. Das kann z. B. beim Zubereiten von Fleisch geschehen, indem man den Braten gleich in Portionsscheiben schneidet und diese gart oder indem man das Fleischstück nur einschneidet (damit der Dampfdruck alle Teile gleichmäßig erreichen kann), aber die einzelnen Scheiben erst nach dem Garen voneinander trennt. Eine andere Möglichkeit wäre, das Bratenstück von ca. 750 g Gewicht in drei Teile zu je 250 g zu teilen. Sie sind in höchstens der Hälfte der normalen Garzeit genießbar und schmecken – jedes für sich – saftig und kräftig wie ein echter Braten. Die Unterbrechung der Garzeit geschieht durch rasches Abkühlen des Topfes (siehe folgender Abschnitt), Öffnen, Beigabe des restlichen Kochguts mit kürzerer Garzeit, erneutem Schließen des Topfes und Wiederholen von Ankochen und Garen bis zur Beendigung der gesamten Garzeit.

Absitzzeit

Nach Beendigung des Garvorgangs kann der Topf vor dem Öffnen auf drei verschiedene Arten abgekühlt werden:
Man kann ihn einfach beiseite stellen und bei Zimmertemperatur »absitzen« lassen, d. h. darauf warten, daß der Druckanzeigerstift des Kochventils sich völlig gesenkt hat bzw. bei Gewichtsventilen beim leichten Bewegen des Ventils kein Dampf mehr zischend ausströmt. Bei bestimmten Töpfen muß sich auch der Stift des Aroma-Ventils gesenkt haben. Nun wird das Kochventil abgenommen bzw. herausgeschraubt und der Topf durch Verschieben der Griffe ohne Mühe geöffnet. Wichtig: Nie den Topf gewaltsam zu öffnen versuchen, solange die Griffe noch klemmen! Diese bequemste Methode hat den Nachteil, daß versteckte Nachgarzeiten von 1–2 Minuten auftreten, die man einkalkulieren muß. Die Garzeiten unseres Buches enthalten übrigens diese Nachgarzeit! Ein weiterer großer Nachteil des Absitzenlassens ist die Verwandlung von Dampf in Kondenswasser, was z. B. Salzkartoffeln verwässert und bei manchen Gemüsen Verfärbungen hervorruft. In diesem Fall ist eine Schnellöffnung durch »Abdampfen« angebracht.
Damit sind wir bei den Methoden zur Beschleunigung der Absitzzeit. Die einfachste ist wohl das Überbrausen des geschlossenen Topfes im Spülbecken mit fließendem kalten Wasser. Bei bestimmten Topfsystemen ist sie sogar vorgeschrieben. Bei Emailtöpfen sollte man statt dessen mehrmals feuchte Abwaschlappen auf den Deckel legen. Nie den Topf in kaltes Wasser stellen, denn der Druck herrscht ja im Oberteil des Topfes, nicht auf dem Topfboden!
Soll es besonders rasch gehen und ist gleichzeitig wenig Flüssigkeit im Topf, empfiehlt sich die Methode des Abdampfens. Hierfür hebt man bei Federventilen den Druckanzeiger mit einer Gabel bzw. dem Messerrücken an, bis der restliche Dampf ent-

weicht, dazwischen drückt man ihn mit dem Kochlöffel immer wieder nach unten. Bei Gewichtsventilen stößt man dieses immer wieder an, bis der Dampf zischend ausströmt, gleichzeitig drückt man auch das Aroma-Ventil nach unten und läßt den Dampf entweichen. Keine Angst – der Dampf ist nicht so heiß, daß man sich verbrühen kann! Vorsicht aber bei »steigendem Kochgut« (Suppen, Teigwaren) und Speisen mit viel Flüssigkeitsbeigabe (Knödel, Pudding, Kompott) – in diesen Fällen könnte beim Abdampfen Flüssigkeit aus dem Ventil spritzen!

Sobald der Druck etwas gesunken ist, kann man bereits mit dem langsamen, vorsichtigen Abschrauben des Kochventils beginnen, wobei Dampf zischend ausströmt. Auch dadurch wird die Absitzzeit verkürzt. Bei Töpfen mit Kochregler im Deckelgriff läßt sich das Abdampfen bequem durch Daumendruck regulieren.

Diese drei Kochperioden gelten im wesentlichen auch für Schnellbratpfannen.

Nun noch einige Bemerkungen zu den Garzeiten. Die Garzeit beginnt, sobald das Ventil sich dreht bzw. die vorgeschriebene Markierung am Kochanzeigerstift sichtbar wird. (Bei welchem der beiden Ringe oder Rillen dies der Fall ist, erfahren Sie jeweils in dem betreffenden Rezept. Ist nichts angegeben, so gilt immer der Zeitpunkt des Erscheinens des 2. Ringes als Beginn der Garzeit). Die in unseren Rezepten genannten Zeiten sind Richtwerte, die je nach Dicke, Alter, Reifegrad usw. des Kochguts, der Härte des Kochwassers und anderen Einflüssen etwas schwanken können. Eine geringfügige Übergarung ist unschädlich, manchmal – bei Eintöpfen z. B. – sogar geschmacklich von Vorteil, während eine zu geringe Garung ein kurzes Nachgaren erforderlich macht. Von der Menge des Kochguts, z. B. Kartoffeln oder Gemüse, ist die Garzeit nicht abhängig. Die Menge spielt lediglich für die Ankochzeit eine Rolle.

Innerhalb der einzelnen Topftypen gibt es gewisse Unterschiede in den Garzeiten, die durch die Differenzen der Drücke verursacht werden. Schnellkochtöpfe kochen heute mit Drücken zwischen 0,5 und 1 atü. Mehr als die Hälfte der Schnellkochtöpfe haben einen Druck von 1 atü. Bei Töpfen mit geringerem Druck ist mit einer etwas längeren Garzeit zu rechnen, gemäß der Faustregel: niedriger Druck = niedrigere Gartemperatur = längere Garzeit. Bei

0,7 atü ist die Garzeit um 10%, bei 0,5 atü um 20% länger als bei 1 atü. Um die richtige Garzeit zu ermitteln, müssen beim Gebrauch solcher Töpfe also 10 bzw. 20% der Garzeit zugerechnet werden. Während bei kurz garendem Kochgut diese Unterschiede kaum ins Gewicht fallen, machen sie sich bei länger garenden Gerichten schon bemerkbar. Informieren Sie sich also, mit welchem Druck Ihr Topf arbeitet, und berechnen Sie die Garzeiten dementsprechend!

Im allgemeinen werden durch die höhere Gartemperatur in Schnellkochtöpfen bzw. Schnellbratpfannen die Garzeiten um 50–80% verkürzt, wobei die Heizkosten- bzw. Energieersparnis bis zu 65% beträgt.

MENÜKOCHEN – EINE ECHTE HILFE

Statistiker haben errechnet, daß etwa jede dritte Hausfrau heute bei uns in irgendeiner Weise erwerbstätig ist, also genau genommen zwei Berufe ausübt. Die Zeit für die Haushaltsführung, den »Beruf nach Feierabend«, ist bei diesen Frauen besonders knapp bemessen, die physische und nervliche Belastung groß. Ähnliches gilt für »Nur-Hausfrauen«, die durch Kinder, Haus und Garten stark in Anspruch genommen sind.

Eine große Arbeitserleichterung bedeutet für alle diese Hausfrauen der Schnellkochtopf bzw. die Schnellbratpfanne, die eine Zeitersparnis gegenüber dem konventionellen Kochen von maximal 80% mit sich bringen. Eine echte Hilfe ist dabei die Möglichkeit, im Schnellkochtopf in mehreren Etagen gleichzeitig ein komplettes Menü zuzubereiten. Die verschiedenen Einsätze, die sich sogar noch unterteilen lassen, ermöglichen es, 3–4 Speisen gleichzeitig in einem Topf zu garen (s. S. 22). Bereits beim Kauf des Topfes sollte man sich darüber klar sein, ob man Menükochen will oder nicht, und eine entsprechende Topfgröße wählen. Beim Camping z. B. ersetzt der Schnellkochtopf mit seinen verschiedenen Einsätzen der »Zelt-Hausfrau« eine ganze Kochtopfgarnitur, ebenso in engen Kochnischen, kurz überall da, wo Platzmangel herrscht.

Suppe, Fleisch, Beilagen, Gemüse, Pudding und Kompott – dies alles läßt sich ohne Schwierigkeiten im gleichen Topf auf einmal zubereiten. Die Reihenfolge sieht dabei – von unten nach oben – etwa so aus: Auf dem Topfboden Fleisch mit Soße als Mittel zur Dampfbildung, darüber eine Beilage (Kartoffeln, Reis, Knödel), darüber Gemüse. Oder: Auf dem Topfboden Suppe, darüber Salzkartoffeln oder Reis, darüber Fisch und evtl. noch ein Nachtisch, wenn Platz dafür vorhanden ist. Die Befürchtung, beim Menükochen im Schnellkochtopf könnte eine unangenehme Geschmacks- und Geruchsmischung entstehen, ist völlig grundlos. Der auf den Speisen lastende Dampfdruck verhindert jede Aroma- und Geruchsübertragung.

Der Dampfdruck gleicht auch kleinere Garzeitendifferenzen bis zu 5 Minuten automatisch aus. Sind die Unterschiede in den Garzeiten der gleichzeitig zubereiteten Speisen erheblich, so sollte man versuchen, sie durch Zerkleinern des Kochguts, Unterbrechung des Kochprozesses usw. einander anzugleichen.

Die Gesamtgarzeit richtet sich immer nach der Speise mit der längsten Garzeit. Meist wird es sich dabei um Fleisch handeln. Es gehört immer an die unterste Stelle im Topf, wenn man nicht vorzieht, es in portionsgroße Stücke zu schneiden und die Garzeit damit abzukürzen. Es ist dann in etwa der gleichen Zeit gar wie Kartoffeln, Reis oder Gemüse. Soll es als Braten oder Kochfleisch im ganzen Stück bleiben, so wird es zunächst vorgedämpft oder vorgekocht, dann der Kochprozeß durch rasches Abkühlen des Topfes unterbrochen, die Einsätze mit dem übrigen Kochgut zugegeben, der Topf wieder geschlossen und das Menü fertiggegart (s. S. 18).

Diese Unterbrechung des Kochvorgangs kostet zwar Zeit, die aber leicht wieder eingebracht wird, wenn man während des Vorgarens das Kochgut mit der kürzeren Garzeit vorbereitet, z. B. Kartoffeln schält oder Gemüse putzt. Mit ein wenig Routine wird man schnell die jeweils günstigste Methode wählen und kann dann fast alle einfachen Mahlzeiten in einem Topf kochen. Ein dreigängiges Menü in 8–10 Minuten Kochzeit (ohne Vorbereitungszeit) auf den Tisch zu zaubern, ist also keine Utopie, sondern alltägliche Küchenwirklichkeit. Neben der Zeitersparnis fällt beim Menükochen übrigens auch die sehr beträchtliche Ersparnis an Heizenergie ins Gewicht.

Und nun einige Menüvorschläge mit Gerichten aus unserem

Rezeptteil. Bei einem Menü mit zwei verschiedenen Garzeiten bezieht sich die erste auf die Zubereitung ohne Unterbrechung des Kochprozesses, wobei eine Zerkleinerung des Fleisches nötig ist, die zweite hat Geltung, wenn das Fleisch vorgegart und nach raschem Abkühlen des Topfes das Kochgut mit kürzerer Garzeit zugefügt wird.

Wenn Sie keinen zweiten ungelochten Einsatz zur Verfügung haben, können Sie sich übrigens durch Auskleiden des gelochten Einsatzes mit Alufolie gut behelfen.

Die gleichzeitige Verwendung der Schnellbratpfanne gibt Ihnen außerdem die Möglichkeit, darin das Fleischgericht statt im Schnellkochtopf zuzubereiten, wodurch im Topf ein Platz frei wird für Suppe oder Nachtisch.

Die einzelnen Speisen lassen sich beliebig austauschen, so daß sich unendlich viele Variationsmöglichkeiten ergeben.

Menüvorschläge	**Zubereitung**	**Gesamtgarzeit**
Kalbsgulasch	Topfboden	
Reis	ungelochter Einsatz	
Spargel oder Schwarzwurzeln	gelochter Einsatz	10 Minuten
Kalbsrouladen	Topfboden	
Reis	ungelochter Einsatz	
Blumenkohl	gelochter Einsatz	10 Minuten
Rindsrouladen	Topfboden	
Salzkartoffeln	ungelochter Einsatz	
Erbsen und Möhren	gelochter Einsatz	12 Minuten
Kochfleisch	Topfboden	
Salzkartoffeln	gelochter Einsatz	
Rosenkohl	ungelochter Einsatz	10 Minuten
Schweineschmorbraten	Topfboden	
Salzkartoffeln	gelochter Einsatz	10 oder
Weißkraut	ungelochter Einsatz	20 Minuten

Kasseler Ripperl mit		
Sauerkraut	Topfboden	
Salzkartoffeln	gelochter Einsatz	10 Minuten
Erbsenbrei	ungelochter Einsatz	
Kalbsgulasch	Topfboden	
Reis	ungelochter Einsatz	
grüne Bohnen	gelochter Einsatz	15 Minuten
Wildschweingulasch	Topfboden	
Teigwaren	ungelochter Einsatz 1	
Rosenkohl	ungelochter Einsatz 2	10 Minuten
Rehbraten	Topfboden	
Teigwaren	ungelochter Einsatz 1	
Zwetschgen in Rotwein	ungelochter Einsatz 2	10 Minuten
Frühlingssuppe	Topfboden	
Reis	ungelochter Einsatz 1	
Fisch in Dillsoße	ungelochter Einsatz 2	8 Minuten
Salzkartoffeln	gelochter Einsatz	
Dünstfisch	ungelochter Einsatz 1	
mit Kräutern		
Gemischtes Kompott	ungelochter Einsatz 2	8 Minuten
Coq au vin/		
Huhn in Wein	Topfboden	
Pilzreis	ungelochter Einsatz 1	
Birnen in Rotwein	ungelochter Einsatz 2	12 Minuten
Szegediner Gulasch	Topfboden	
Kompott aus Dörrobst	ungelochter Einsatz	10 Minuten
Irish Stew	Topfboden	
Quarkpudding	ungelochter Einsatz	15 Minuten
Gulaschsuppe	Topfboden	
Milchreis	ungelochter Einsatz	20 Minuten

SCHNELLKOCHEN UND TIEFKÜHLKOST

Wie der Tiefkühlschlaf der Lebensmittel die idealste Art der Konservierung ist, so ist das Garen im Schnellkochtopf die idealste Art, diese Lebensmittel schnell und schonend zuzubereiten. Die Verbindung beider Methoden liefert unschlagbare Ergebnisse. Dies trifft vor allem auf Tiefkühlgemüse zu, das durch die Kürze der Garzeit im Schnellkochtopf und den Ausschluß von Licht und Sauerstoff besonders vollwertig bleibt. Daß Auftauen und Garen im Schnellkochtopf meist in einem Arbeitsgang vor sich gehen, ist ein weiterer Vorteil, der besonders der eiligen Hausfrau Zeit sparen hilft und ihr den Umgang mit der Tiefkühlkost erleichtert: Die ohnehin kurzen Garzeiten der Tiefkühlkost werden um ca. $1/3$ bis $1/4$ reduziert, denn die durch Gefrieren und Auftauen zerstörte Zellstruktur der Lebensmittel ermöglicht ein noch schnelleres Eindringen des Dampfdrucks.

Selbstverständlich sind wie bei jeder Zubereitung im Schnellkochtopf die Garzeiten auch bei Tiefkühlkost von der Masse oder Dicke des Kochgutes abhängig. Die Ankochzeit ist bei Tiefkühlkost allerdings etwas länger als bei Frischkost, da die Kälte erst überwunden werden muß.

Auftauen und Zubereiten von Tiefkühlkost

Hier einige Tips, die es beim Auftauen und Garen im Schnellkochtopf zu beachten gilt:

Fleisch bietet, tiefgekühlt oder selbstgefroren, noch die meisten Probleme, da es sich dabei sehr oft um große Stücke handelt, die man nicht ohne weiteres gefroren in den Schnellkochtopf geben kann, weil sie bei der Kürze der Garzeit innen roh und kalt bleiben würden, während die Randzonen übergart wären. Große Fleischstücke für saftiges Suppenfleisch, zum Schmoren oder Braten, sollten also bei Zimmertemperatur oder im Kühlschrank langsam etwa bis zur Hälfte aufgetaut werden. Dann behandelt man sie weiter wie Frischfleisch. Wünscht man eine gute Brühe und legt weniger Wert auf saftiges Fleisch, so kann man Suppenfleischstücke, mindestens zu $2/3$ mit kaltem Wasser bedeckt, auch gefroren im Schnellkochtopf zum Kochen bringen. Man kocht sofort mit großer Hitze an, setzt das Ventiloberteil erst ein bzw.

schaltet mit Kochregler auf Stufe II, wenn kräftig Dampf ausgeströmt ist, und gart mit vollem Druck (2. Ring) fertig. Dünnere gefrorene Fleischscheiben oder -würfel werden unaufgetaut auf dem Boden von Schnellkochtopf oder Schnellbratpfanne in heißem Fett angebraten oder im ungelochten Einsatz gedämpft (s. S. 55).

Geflügel wird heute überwiegend im tiefgefrorenen Zustand verwendet. Auch hier gilt wie bei Suppenfleisch die Regel, daß unaufgetaut gegartes Suppenhuhn im Schnellkochtopf eine besonders köstliche Brühe ergibt; gleichzeitig fällt die lange Auftauzeit weg. Es wird in kaltem Wasser angesetzt. Vorher muß man selbstverständlich die gefrorenen Innereien, die im Bauch des Huhns verstaut sind, herauslösen; gelingt es nach Aufschneiden mit der Geflügelschere nicht, nimmt man heißen Dampf zu Hilfe (Huhn im gelochten Einsatz größerer Schnellkochtöpfe mit der Öffnung nach unten über 1/8 l Wasser 1-2 Minuten unter Druck garen; die Innereien lassen sich dann leicht entfernen).

Zum Dämpfen gibt man Hähnchen in den gelochten Einsatz des Schnellkochtopfs über 1/8 l Wasser und gart unter Druck 8-10 Minuten. Anschließend kann man sie tranchiert mit aus der Brühe bereiteter Soße servieren oder mit Butter und Salzwasser bestrichen in Pfanne, Backrohr oder Grill überbraten (s. S. 56). Sehr gut eignen sich für Schnellkochtopf und Schnellbratpfanne auch gefrorene Geflügelteile (Huhn, Puter, Ente und Gans), aus denen schmackhafte Soßengerichte entstehen (s. S. 75).

Fisch wird ebenfalls heute vielfach tiefgefroren verwendet. Man schneidet oder sägt ihn einfach mit Hilfe eines Spezialmessers in Portionsstücke und gart diese im ungelochten Einsatz des Schnellkochtopfs mit Fett und Gewürzen (s. S. 80). Wenig Flüssigkeit zugeben, denn tiefgekühlter Fisch scheidet beim Garen reichlich Saft aus!

Gemüse bietet tiefgekühlt große Vorteile, da seine sorgfältige Aufbereitung (Waschen, Putzen, Blanchieren) der Hausfrau viel Arbeit abnimmt. Dazu kommen die kurzen Garzeiten, die durch den Schnellkochtopf weiter reduziert werden. Im allgemeinen kommt man sogar mit 1/3 der beim Garen im offenen Topf erforderlichen Zubereitungszeit aus. Da Tiefkühlgemüse viel Wasser ausscheidet, sollte es im ungelochten Einsatz über 1/8–1/3 l Wasser aufgetaut bzw. gegart werden. Blockgemüse teilt man evtl. vorher mit dem Spezialmesser in Stücke, um den Tauvorgang zu beschleunigen. Natürlich kann man Tiefkühlgemüse auch auf dem Topfboden andünsten und weiterbehandeln wie üblich. Vorsichtig salzen, denn durch den vollen Gehalt an Nährsalzen schmeckt es ohnehin würzig! Beim Menükochen gibt man Tiefkühlgemüse zuletzt zu. Die zweite Ankochzeit dauert dann etwas länger. Tiefgekühltes oder selbstgefrorenes Obst für Kompott oder Marmelade kann übrigens ähnlich wie Gemüse behandelt werden (s. S. 98).

Tiefkühl-Fertiggerichte sind immer dann besonders willkommen, wenn man in Zeitnot ist oder unerwartet Gäste ins Haus schneien. Gerade dann will man keine langen Auftauzeiten in Kauf nehmen. Hier ist der Schnellkochtopf wieder ein echter »Nothelfer«, denn er ermöglicht Auftauen und Erwärmen in Rekordzeit. Meist genügen 8–10, höchstens 15 Minuten zum Tischfertigmachen von Fleisch- und Fischgerichten, Suppen und Gemüse. Wird direkt auf dem Topfboden aufgetaut, gibt man etwas Wasser zu, um ein Anbrennen zu vermeiden. Sonst taut und erwärmt man (1. Ring) im ungelochten Einsatz über 1/8–1/4 l Wasser, nachdem man das Fertiggericht aus der Verpackung (Kunststoffbehälter, Alu-Schale) genommen hat. Fertiggerichte im Kochbeutel kann man auch mit der Verpackung in den halb mit heißem Wasser gefüllten Schnellkochtopf geben (1–3 Beutel), unter Druck (1. Ring) 5–8 Minuten kochen, nach dem Öffnen des Topfes den Beutel aufschneiden und den Inhalt servieren.

Selbstverständlich steht es Ihnen frei, dem Tiefkühlgericht nach dem Auftauen und Erwärmen noch die individuelle Note zu geben durch Gewürze, Sahne, Wein, eine leichte Mehlbindung, einen Stich Butter, geschmorte Pilze, Oliven, Perlzwiebeln, Reibkäse usw. Immer aber werden Sie feststellen, daß die Gerichte nicht »aufgewärmt« schmecken, sondern durch die Zubereitung im Schnellkochtopf einen besonders vollen, kräftigen, natürlichen Geschmack erhalten und von frisch zubereiteten nicht zu unterscheiden sind.

EINMACHEN – ENTSAFTEN – STERILISIEREN

Obst- und Gemüsesäfte, Marmeladen und Gelees werden im Schnellkochtopf in einem Bruchteil der sonst benötigten Zeit zubereitet, wobei Eigengeschmack, Vitamingehalt und natürliche Farbe der Früchte besonders gut erhalten bleiben. Da die Vitamine vor allem in oder dicht unter der Schale sitzen, sollte man Obst, das man sonst schält, zur Gelee- oder Saftzubereitung immer mit der Schale verwenden. Auch beim Sterilisieren von Früchten im Schnellkochtopf behält das Einmachgut durch die auf ca. 1/4 reduzierte Kochzeit frische Farbe und Geschmack.

Bereitung von Marmeladen und Konfitüren
Es gibt im Schnellkochtopf kein Anbrennen. Man bereitet die Früchte vor, indem man sie wäscht, evtl. schält, entkernt und zerkleinert. Man gibt sie dann entweder mit 3/8–1/2 l Wasser auf den Boden des Schnellkochtopfs oder in den gelochten oder ungelochten Einsatz über 3/8 l Wasser, schließt den Topf, setzt das Ventil ein und gart unter Druck (bei regulierbarem Druck 1. Ring) je nach Härte der Früchte 5–10 Minuten. Nach Abkühlen und Öffnen des Topfes kann man die Früchte nach Belieben durchpassieren (für Marmelade) oder in Stücken lassen (für Konfitüre). In jedem Fall gibt man die Fruchtmasse nach dem Abwiegen zurück in den Schnellkochtopf, setzt Zucker im Verhältnis 1 : 1 (bei sehr süßen Früchten auch nur 1 : 2/3) zu und kocht im offenen Topf bis zur Marmeladenprobe ein. Dabei ständiges Rühren nicht vergessen, denn jetzt besteht Anbrenngefahr! Zuletzt setzt man – wenn nötig – ein Geliermittel zu und kocht damit auf.

Bereitung von Obst- und Gemüsesäften
Naturreine Obst- und Gemüsesäfte sollten nur aus gut ausgereiften, frisch geernteten Produkten gewonnen werden. Sie werden entweder direkt im Schnellkochtopf oder mit Hilfe eines Zusatzgerätes hergestellt. Auch billige Obst- und Gemüsesorten liefern so in kürzester Zeit aromatische, hochkonzentrierte Säfte. Sie halten sich bis zu einem Jahr.
Als Vorbereitung genügt es, Obst und Gemüse zu waschen und evtl. faulige Stellen auszuschneiden. Entstielen muß man ledig-

lich Sauerkirschen und Weintrauben wegen der in den Stielen enthaltenen Gerbsäure; alle anderen Obstarten werden mit Schalen, Kernen und Stielen in den Topf bzw. Spezial-Entsafter gegeben.

Zum Entsaften eignen sich natürlich größere Schnellkochtöpfe (4–10 l) besser als kleine. Je nach Topfgröße gibt man 1/4–3/8 l Wasser auf den Topfboden, darüber den ungelochten Einsatz, möglichst mit Füßen, der zum Auffangen des Saftes dient. Bei großen Töpfen stellt man den Einsatz auch auf den Einsatzträger, bei kleineren notfalls auf eine umgekehrt auf den Topfboden gelegte Untertasse. Darüber kommt nun der gelochte Einsatz mit den vorbereiteten Früchten, die bis ca. 1-2 cm unter den Rand des Schnellkochtopfes reichen können. Beim 2,7-l- oder 3-l-Topf verwendet man nur den gelochten Einsatz allein, den man auf den Einsatzträger stellt, gibt 1/8 l Wasser auf den Topfboden und fängt den Saft dort auch auf. Der geringe Wassergehalt ist für die Saftqualität unerheblich.

Nun streut man bei Obst die erforderliche Zuckermenge (20–120 g auf 1 kg) darüber, schließt den Topf und kocht ohne Ventil rasch an, bis kräftig Dampf ausströmt. Dann das Ventiloberteil einschrauben und mit vollem Druck (2. Ring) nach den angegebenen Zeiten entsaften (10 bis 20 Minuten, s. S. 29).

Den Topf dann langsam abkühlen lassen (kein Abdampfen!), öffnen, sobald er völlig drucklos geworden ist, den Einsatz mit den Obstrückständen herausheben und den Saft entweder heiß in vorbereitete Flaschen füllen oder zu Roter Grütze bzw. Gelee weiterverarbeiten. Obstrückstände evtl. noch zur Marmeladenherstellung verwenden.

Die Flaschen müssen ebenso wie Gummikappen, Trichter usw. peinlich sauber sein. Am besten sterilisiert man sie vorher im Schnellkochtopf (s. S. 30) und legt sie bis zum Abfüllen in heißes Wasser. Man füllt sie bis zum Rand mit dem heißen Obstsaft, wischt den Rand ab und stülpt die Gummikappen darüber. Sie müssen nach dem Erkalten des Saftes oben eingezogen sein; nur so hat man die Gewähr für das notwendige Vakuum, das den Saft haltbar macht.

Aufbewahrung: in einem dunklen, kühlen Raum.

Gemüsesäfte werden genauso hergestellt und abgefüllt; man kann sie leicht süßen oder salzen.

Entsaftung von Obst und Gemüse

	Saftausbeute in l aus 1 kg Frucht/Gemüse	Entsaftungszeit in Minuten	ca.-Zuckerzugabe in g pro 1 kg Frucht
Apfel	0,65	20	40
Birne	0,65	20	40
Brombeere	0,75	10	40
Erdbeere	0,75	10	30
Heidelbeere	0,7	10	40
Himbeere	0,8	10	30
Holunder	0,65	10	40
Johannisbeere	0,7	15	70
Kirsche	0,65	15	20
Preiselbeere	0,7	10	40
Rhabarber	0,6	15	50
Sauerkirsche	0,65	15	120
Stachelbeere	0,6	10	60
Weintraube	0,7	20	50
Zwetschge	0,65	15	40
Gurke	0,6	15	
Karotte (Möhre)	0,45	20	
Paprikaschote	0,55	15	süßen oder
Rettich	0,4	25	salzen nach
Rote Rübe (Beete)	0,5	25	Geschmack
Tomate	0,6	15	
Spinat	0,4	20	

Die speziellen Zusatzgeräte »Safter« oder »Entsafter« vereinfachen das Entsaften. Ohne den Schnellkochtopf zu öffnen, kann der heiße Saft über ein Steigrohr und einen dünnen Schlauch in die Flaschen geleitet werden.

Bereitung von Obstgelees
Obstsäfte können anschließend an das Entsaften im offenen Topf zu Gelees eingedickt werden.

Obstgelee: Man mißt oder wiegt dazu den gewonnenen Saft und setzt Zucker im Verhältnis 1:1 (bei sehr süßen Früchten nur 1:³/₄) zu, erhitzt im offenen Schnellkochtopf oder einem anderen Topf unter leichtem Aufrühren nochmals, wobei man beliebige Aromazutaten beifügt. Man gibt evtl. ein Geliermittel hinzu und kocht noch einige Sekunden auf. Bei Obst mit viel Säure (Johannisbeeren, Rhabarber, unreife Äpfel, Zitronen) kommt man ohne Geliermittel aus.

Wer will, kann noch mit einem geschmacklich passenden Alkohol (z. B. Obstbrandy, Gin, Weinbrand, auf ¹/₂ l Gelee 1 Gläschen) abschmecken.

Sterilisieren (Eindünsten) von Obst, Gemüse und Fleisch

Die drei obengenannten Produkte lassen sich im Schnellkochtopf auf zweierlei Art keimfrei und haltbar machen: einmal durch Sterilisieren, d. h. Erhitzen der Gläser oder Dosen unter Dampfdruck bis zu einer Temperatur von 110–120° C, zum anderen mit Hilfe eines von manchen Schnellkochtopf-Herstellern zusätzlich gelieferten sogenannten Einsiede- oder Eindünstgeräts, das in den Gläsern durch Einleiten des Dampfes ein Vakuum schafft und sie dadurch luftdicht verschließt.

Bleiben wir zunächst bei der ersten Methode, die sich an das althergebrachte Einkochen oder Einsieden anlehnt. Hierbei können kleinere Mengen von Gläsern oder Dosen in größeren Schnellkochtöpfen (7–10 l) sterilisiert werden. Vorteile: Die sonst üblichen Einkochzeiten sind auf ca. ¹/₄ reduziert; bei den hohen im Schnellkochtopf entstehenden Temperaturen werden alle Bakterien mit Sicherheit unschädlich gemacht; natürliche Farbe und frischer Geschmack des Einkochguts bleiben wegen der kurzen Garzeit besonders gut erhalten.

Grundbedingung ist, daß nur frisch geerntetes, einwandfreies Obst und Gemüse zum Sterilisieren verwendet werden. Auch die Gläser müssen peinlich sauber, die Gummiringe einwandfrei, am besten neu sein.

Das Einkochgut wird wie üblich vorbereitet. Obst bleibt roh und wird entweder nur mit Zucker bestreut oder mit einer heißen Zuckerlösung übergossen (1 l Wasser = 250–500 g Zucker). Gemüse wird vor dem Sterilisieren blanchiert (4–6 Minuten in kochendes Wasser geben, dann unter fließendem kalten Wasser

abkühlen) und evtl. mit Salzwasser bedeckt (1 l Wasser = 10 g Salz).
Fleisch und Geflügel werden gedünstet oder gebraten (Schnellkochtopf!) und im eigenen Saft oder mit Soße (ohne Mehlzusatz) bedeckt sterilisiert.
Die Gläser (nur Breitrand-, keine Rillengläser, da bei diesen der Gummiring herausgedrückt werden kann!) werden bis dicht unter den Rand mit dem Einkochgut gefüllt und wie üblich mit Ring, Deckel und Klammer versehen. Nun werden sie auf den Einsatzrost bzw. auf ein Leinentuch in den ungelochten Einsatz gestellt und Rost oder Einsatz in den Schnellkochtopf gegeben. Bei hohen Töpfen kann man auch den gelochten Einsatz mit Füßen dazu verwenden. Notfalls kann man die Gläser aber auch auf ein mehrfach gefaltetes Tuch direkt auf den Topfboden stellen. Probieren Sie sorgfältig aus, wieviel Gläser in Ihren Schnellkochtopf passen. Es werden bei 7–10-l-Töpfen 2–4 schmale Gläser sein. Nun so viel Wasser einfüllen, daß der Fuß der Gläser 1–2 cm hoch umspült wird, mindestens aber ¼ l. Den Topf schließen, nach ca. 30 Sekunden Dampfaustritt das Ventil einsetzen. Obst etwas unter dem vollen Druck (1. Ring), Gemüse und Fleisch mit vollem Druck (2. Ring) sterilisieren.

Sterilisierzeiten

Beerenobst, zart	2– 5 Minuten
Steinobst	8 Minuten
Kernobst	10 Minuten
Essiggemüse	6– 8 Minuten
Gemüse	15–20 Minuten
Fleisch	20–25 Minuten
	(langsam ankochen!)

Den Topf erst öffnen, wenn sich das Druckanzeiger-Ventil vollständig gesenkt hat, also: keine Schnellöffnung, niemals mit Wasser abkühlen oder gar abdampfen! Die Gläser noch einige Minuten im Topf stehen lassen, dann erst vorsichtig herausnehmen und, vor Zugluft geschützt, vollends abkühlen lassen.
Stundenlanges Einkochen gehört also der Vergangenheit an – in Minuten ist im Schnellkochtopf das Einkochgut steril. Wer kein Gefriergerät besitzt, aber immer einen Vorrat an Fertiggerichten

im Haus haben will, kann in kurzer Zeit komplette Mahlzeiten nach dem Motto »1 × kochen, 3 × essen« einkochen. Auch zum Aufwärmen dieser Gerichte ist der Schnellkochtopf ideal: die Speisen kommen in den ungelochten Einsatz über 1/8–1/4 l Wasser und werden im geschlossenen Topf unter Dampfdruck in 2–3 Minuten ohne Anbrennen und Geschmacksbeeinträchtigung tischfertig erwärmt.

Neben den üblichen Einkochgläsern kann man im Schnellkochtopf natürlich auch Einkochflaschen (Weck) und Weißblechdosen verwenden. Die Dosen werden auf den Rost oder Siebeinsatz gestellt, evtl. auch aufeinander, und so viel Wasser eingefüllt, daß der Boden der Dosen gerade davon berührt wird. Gemüse 10, angebratenes Fleisch 20 Minuten garen. Nach Absitzen des Ventils den Topf öffnen, die Dosen kalt überbrausen und völlig erkalten lassen.

Auch kleine Schraubgläser, wie sie für industriell hergestellte Babykost Verwendung finden, können, mit selbstgekochter Baby- oder Krankenkost gefüllt, sterilisiert werden. Hierfür jedoch nur erntefrisches, biologisch einwandfreies und nicht überdüngtes Gemüse oder Obst aus dem eigenen Garten verwenden! Die Gläschen, vor allem aber die Dichtungsmasse der Deckel, müssen völlig einwandfrei sein. Die Deckel dürfen nicht zu fest angedreht sein. Man gart 5–6 Minuten im gelochten Einsatz auf einem gefalteten Tuch. Langsam abkühlen lassen und darauf achten, daß sich der Deckel etwas eindrücken läßt. Ist dies nicht der Fall, muß der Glasinhalt sofort verbraucht werden. Intakte Gläser bewahrt man kühl und dunkel auf.

Nun zur zweiten Methode, dem Eindünsten mit Hilfe eines besonderen Geräts: Es basiert auf dem Prinzip, Dampf in die Gläser zu leiten, der die Fäulniserreger vernichtet und den Luftsauerstoff entzieht. Auch angebrauchte Gläser können damit wieder für längere Zeit haltbar gemacht werden.

Der im Schnellkochtopf entwickelte Dampf strömt durch den Schlauch und die Düse in das Einkochglas. Der Dampf verdrängt

Abb. rechts: Rindsrouladen mit Rotkohl
(Vergl. Rezept S. 59)

die Luft und kühlt nach Entfernung der Düse und Schließen des Glases so schnell ab, daß ein Vakuum entsteht. Der Deckel wird angesaugt und verschlossen. Fleisch gart man natürlich vor dem Eindünsten im Schnellkochtopf vor. Vorteil gegenüber dem Sterilisieren nach Methode 1: Auch größere Mengen vorbereiteter Einkochgläser können auf einmal schnell und sicher verschlossen werden. Im übrigen beachte man die genaue Gebrauchsanleitung, die jedem Eindünst- bzw. Einsiedegerät beigegeben ist.

Sterilisieren von Säuglingsgeräten und -nahrung
Alle für die Säuglingspflege gebrauchten Gegenstände wie Flaschen, Sauger, kleine Instrumente usw. können im Schnellkochtopf durch die überhöhten Temperaturen von 110-120° rasch und sicher keimfrei gemacht werden. Während Glas, Metall und Gummi durchwegs hitzebeständig sind, vertragen nicht alle Kunststoffgegenstände diese Prozedur ohne Verformung. Beachten Sie deshalb, ob ausdrücklich »kochfest« oder »hitzebeständig« o. ä. darauf vermerkt ist. Man legt oder stellt die Gegenstände auf den Einsatzrost, die gelochte Bodenplatte oder den gelochten Einsatz, gibt $1/8$–$1/4$ l Wasser, je nach Topfgröße, in den Topf und sterilisiert unter vollem Druck (2. Ring) 5 Minuten lang ab Ventilanzeige. In Glasflaschen gibt man zuvor etwas Wasser. Aus vorgefertigten Produkten bereitete flüssige Babynahrung kann ebenfalls wie Babykost »auf Vorrat« sterilisiert werden. Man füllt sie in sterile Säuglingsflaschen, verschließt diese mit sterilen Gummikappen, stellt die Flaschen aufrecht in den Einsatz bzw. auf den Rost und sterilisiert, wie oben beschrieben, 6 bis 7 Minuten lang. Ebenso können Saftflaschen keimfrei gemacht werden.
Keine Schnellöffnung! Den Topf langsam abkühlen lassen, erst öffnen, wenn sich das Druckanzeigerventil vollständig gesenkt hat!

Abb. links: Schellfisch in Weinsoße
(Vergl. Rezept S. 86)

KLEINE PANNEN – SCHNELL BEHOBEN

Meist kann man Störungen schnell und einfach beheben und oft sogar fehlende oder erneuerungsbedürftige Teile selbst ersetzen. Der Fachhandel hält die wichtigsten Ersatzteile jederzeit bereit. Bei größeren Mängeln ist es empfehlenswert, sich an den Kundendienst der Herstellerfirma zu wenden.

Aus der Ventilöffnung strömt kein Dampf,
wie es normalerweise beim Ankochen der Fall sein sollte, weil a) das Gerät undicht ist und der Dampf an anderer Stelle entweicht, b) die Ventilöffnung verstopft oder c) keine Flüssigkeit im Topf ist.
Behebung: Nach Abkühlung des Geräts dieses öffnen und a) Gummiring in Ordnung bringen, wenn defekt, ersetzen, b) Ventilöffnung reinigen, c) Wasser einfüllen.

Der Druckanzeiger (Federventil) steigt nicht
oder geht wieder zurück, obgleich der Topf auf der Heizquelle steht. Ursachen können sein: a) im Topf ist zu wenig oder keine Flüssigkeit (möglicherweise verdampft) und daher kein Druck, b) das Druckanzeigerventil ist verschmutzt, c) die Gummidichtung ist falsch eingesetzt und schließt nicht (bei Töpfen mit Kochregler im Griff).
Behebung: a) Ventiloberteil langsam herausschrauben und Flüssigkeit nachfüllen, b) Ventiloberteil langsam herausschrauben, zerlegen und gründlich von Speiseresten usw. reinigen, c) Gummidichtung richtig einlegen und evtl. gegen eine neue austauschen. Ist die Gummischutzkappe defekt, diese ebenfalls durch eine neue ersetzen.

Die Glocke (Gewichtsventil) pendelt nicht,
weil a) die Glocke nicht eingerastet ist, b) der Ventilsitz locker oder c) die Öffnung des Ventilsitzes ausgeschlagen und der Kegel des Glockenkopfs abgenutzt ist.
Behebung: Gerät von der Kochstelle nehmen und a) Glocke kräftig auf Ventilsitz drücken, b) Mutter anziehen, c) Ventilsitz mit Spezialfilter und Knopf der Glocke austauschen. Es kann aber auch die Ventilöffnung verstopft oder keine Flüssigkeit im Gerät sein. (Behebung siehe nächsten Absatz!)

Der Druckanzeiger steigt oder fällt unregelmäßig,
weil die Kochhitze nicht richtig reguliert wird.
Behebung: Heizenergie noch sorgfältiger regulieren, besonders bei Automatik-Platten, die nach Erfahrungswerten eingestellt werden müssen. Evtl. Notizen für spätere Fälle machen!

Das Sicherheits-Ventil (Aroma-, Multi-matic-Ventil)
schließt nicht, weil es schmutzig oder defekt ist.
Behebung: a) durch Säubern, b) durch Ersetzen. Ragt es hingegen ca. 1 cm heraus, weil es automatisch einen Überdruck reguliert hat, so sollte man es wieder eindrücken oder durch ein neues ersetzen.

Beim Kochventil tritt Dampf aus,
der sich als Wassertröpfchen niederschlägt. Das ist beim Ankochen kein Fehler, sondern bei Federventilen eine Folge des Spiels zwischen Druckanzeigerstift und Gehäuse. (Ohne diesen Spielraum würde der Druckanzeiger blockiert; deshalb das Ventiloberteil auch nie zu fest aufschrauben!) Tritt aus dem Ventil aber während der ganzen Kochzeit Dampf aus, so kann das Ventil a) verschmutzt oder b) nicht genügend festgedreht sein.
Behebung: a) das Ventil etwas aufdrehen, so daß der ausströmende Dampf den Ventilsitz reinigt (bei Gewichtsventilen) bzw. nach Abkühlung des Topfes herausschrauben, zerlegen und reinigen (bei Federventilen), b) Ventil festschrauben (durch Anziehen der Gegenmutter).

Das Kochventil »zischt«,
vor allem bei schäumenden und quellenden Speisen mit viel Flüssigkeit, weil die Hitze zu groß ist.
Behebung: Temperatur reduzieren bzw. den Topf zur Seite schieben.

Am Deckelrand treten Dampf oder Wassertropfen auf,
weil der Deckel nicht vollkommen schließt. Ursachen: a) der Dichtungsring sitzt nicht gut im Deckel, ist b) verschmutzt oder c) defekt (z. B. überaltert oder verbrannt, weil der Topf ohne Flüssigkeit auf der heißen Herdplatte war).
Behebung: a) Dichtungsring richtig einlegen, b) und c) durch einen neuen aus dem Fachgeschäft ersetzen.

Aus dem Sperrventil zwischen den Griffen tritt Dampf,
weil dies bei einem bestimmten Topfsystem vorhandene Ventil undicht ist. Ursachen: a) der Konus ist verschlissen oder b) sitzt durch Kalkablagerungen zu fest oder c) das Ventil ist nicht geschlossen.
Behebung: a) Konus anziehen, b) Ventil auswechseln, c) Schaltknebel auf »0« stellen.

Die Ankochzeit dauert zu lange,
weil a) nicht genügend Hitze vorhanden ist oder b) zu wenig Flüssigkeit im Topf war und bereits verdampft ist.
Behebung: a) auf höchster Heizstufe ankochen, b) Topf abkühlen, Ventiloberteil langsam herausschrauben, Deckel öffnen und Flüssigkeit zugeben.

Beim Drücken der Taste der Verschluß-Sicherung tritt Dampf aus,
weil der Topf noch unter Druck steht.
Behebung: Topf abkühlen und Signal-Ventil abschrauben.

Die Kochzeit dauert zu lange,
weil der Topfboden uneben geworden ist.
Behebung: Reparatur bei einem Fachmann.

Die Speisen brennen an,
weil a) das Kochventil zu früh geschlossen wurde und so der für das Anbrennen mitverantwortliche Sauerstoff nicht rechtzeitig entweichen konnte, b) die Heizquelle zu stark ist, c) Teigwaren verwendet wurden, die sich noch vor dem Quellen auf den Topfboden legten.
Behebung: a) Kochventil erst schließen, wenn starker Dampfstrahl entweicht, b) Heizquelle rechtzeitig drosseln, sobald der volle Druck erreicht ist, c) bei offenem Topf unter Rühren ankochen und den Topf erst schließen, wenn die Teigwaren gequollen sind; evtl. Siebeinsatz oder gelochte Bodenplatte verwenden.

Die Speisen quellen aus der Ventilöffnung,
weil die richtige Füllhöhe nicht beachtet wurde (wichtig bei Töpfen mit Gewichtsventil, deren feine Ventilöffnungen leicht verstopft sind).

Behebung: Topf niemals zu mehr als ²/₃, bei stark quellendem Kochgut nicht mehr als zur Hälfte füllen! Ist dies aber schon geschehen, Topf von der Heizquelle nehmen, abkühlen lassen, öffnen, verstopfte Ventile reinigen und einen Teil des Kochguts entnehmen, bevor man den Topf wieder aufsetzt.

Der Topf hat wieder Druck bekommen,
weil das Kochventil nicht sofort nach dem Absinken geöffnet wurde (vor allem bei Gerichten mit viel Flüssigkeit). Vorsicht, beim Öffnen könnte ein heißer Strahl Suppe etc. aus der Ventilöffnung Sie verbrühen!
Behebung: Topf unter Wasserhahn stellen und noch einmal abkühlen, bis der Stift des Aroma-(Gummi-)Ventiles sich gesenkt hat. Durch Drücken auf den Stift mittels Messer, Löffel o. ä. überzeugen, daß kein Dampf mehr abbläst (Stift fest niederdrücken)!

Bei Schnellkochtöpfen ohne Aroma-Ventil:
Mit Gabel o. ä. Ventil entlüften (Kochstift anheben oder Gewichtsventil leicht lüften) und feststellen, ob noch Druck vorhanden, also Dampf abbläst. Leicht erkennbar ist der Druck bei Töpfen mit Verschluß-Sicherung. Hat man bei diesen vergessen, abzudampfen und das Ventil abzuschrauben, so tritt beim Druck auf die Taste der Verschluß-Sicherung Dampf aus, der auf den noch vorhandenen Druck hinweist.

Das Signal-Ventil fällt aus,
bei Töpfen mit akustischer Ventilanzeige, was bei mangelhafter Pflege vorkommen kann. Dann erfolgt der Abdampfvorgang durch eine zusätzlich vorhandene Sicherung: die Gummidichtung im Deckel wird durch den seitlichen Schlitz nach außen gedrückt, so daß der Dampf entweicht.
Behebung: Topf abkühlen und erst dann das Ventil abschrauben.

Der Deckel läßt sich beim Öffnen schwer bewegen,
weil im Topf Über- oder Unterdruck herrscht.
Behebung: Den Schnellkochtopf vollkommen abkühlen lassen. Sobald der Druckanzeiger sich gesenkt hat (evtl. nach Ablöschen mit kaltem Wasser), Ventiloberteil abnehmen. Falls der Deckel

blockiert, weil der Dichtungsring zu trocken ist, fettet man diesen mit etwas Salatöl ein.

Das Ventil ist schlecht einzuregulieren
(bei Töpfen mit Kochregler), weil Sie vielleicht auf einer automatischen Heizplatte kochen.
Behebung: Durch einige Versuche ideale Heizstufeneinstellung ermitteln.

Ein Topf- oder Deckelgriff ist locker oder beschädigt.
Behebung: Schrauben mit einem Schraubenzieher anziehen, beschädigten Griff gegen neuen austauschen.

Allgemein: Nur ein vollkommen dicht schließendes Gerät erfüllt seinen Zweck! Undicht aber kann ein Schnellkochtopf nur am Gummiring werden, wenn dieser aus der Nute rutscht oder überaltert ist. Er sollte dann sofort ausgewechselt werden.

Falls nicht anders angegeben, sind die Rezepte für
4 Personen gedacht.

Suppen aller Art

Der Schnellkochtopf ist für die Zubereitung aller Suppen mit langer Garzeit ideal. Er verkürzt aber nicht nur die Garzeiten, sondern liefert auch kräftigere, gehaltvollere und würzigere Suppen und ist daher ebenso für Suppen mit kürzerer Garzeit empfehlenswert. Selbst aus billigen Zutaten wie Fleischabfällen, Gemüseresten usw. holt er noch das Letzte an Aroma, Nährwert und Vitaminen heraus. Für eine Vorsuppe rechnet man pro Person 1/5–1/4 l, für eine Suppen-Hauptmahlzeit 1/2 l.

Grundregeln für Suppen
1. Suppen grundsätzlich allein kochen, also nicht als Menü, denn sie steigen leicht hoch und vermischen sich mit dem anderen Kochgut. Nicht steigende Suppen, wie z. B. Gemüsesuppen, können evtl. mit wenig Flüssigkeit im ungelochten Einsatz bereitet und dann verlängert werden.
2. Auch wenn der vorhandene Topf zu klein ist, bereitet man mit wenig Wasser einen Extrakt (z. B. bei Fleischbrühe) und streckt die fertige Suppe mit kochend heißem Wasser.
3. Beim Suppenkochen den Schnellkochtopf höchstens zu 2/3 füllen, bei stark schäumenden und quellenden Suppen (z. B. aus Hülsenfrüchten) nur zur Hälfte. Nur soviel Flüssigkeit nehmen, als man Suppe haben möchte, da nichts davon verdampft.
4. Eine kräftige Fleischbrühe erhält man, wenn man das Fleisch mit Knochen und Suppengrün in kaltes Wasser gibt. Saftiges Fleisch hingegen erzielt man, wenn man Knochen und Suppengrün in kaltem Wasser ansetzt und das Fleisch dann in das kochende Wasser gibt. Aufkochen lassen und vor dem Schließen des Topfes gründlich abschäumen. Je länger man kocht,

desto kräftiger wird natürlich die Brühe. Die maximale Garzeit aber möglichst nicht überschreiten, um Nährwerte zu schonen.

5. Das Absieben der Suppe erübrigt sich, wenn man die Zutaten in den gelochten Einsatz gibt und mit Wasser bedeckt. Man kann sie dann aus der fertigen Suppe einfach herausheben. Anwendbar z. B. bei klaren Brühen und Suppen, die passiert werden sollen.
6. Für gebundene Suppen röstet man die Zutaten im offenen Topf auf dem Topfboden an und gießt mit Wasser, Gemüsebrühe (Diätsuppen) oder Fleischbrühe (evtl. auch aus Würfel bereitet) auf. Läßt man die Suppe im geöffneten Topf einmal aufkochen, rührt um und schließt erst dann den Topf, so steigt die Suppe weniger.
7. Die Kochhitze im allgemeinen stark ansteigen lassen und so regulieren, daß die zweite Rille (Ring) am Kochventil (Kochanzeigerstift) höchstens schwach sichtbar bleibt. Die Kochzeit beginnt bereits, wenn die erste Rille sichtbar wird.
8. Beutelsuppen benötigen nur $1/4$ der auf der Verpackung angegebenen Kochzeit. Sie steigen sehr leicht – Topf also nur halb füllen!
9. Der Schnellkochtopf eignet sich auch gut zur Resteverwertung für Suppen. Alle Zutaten können hierbei ohne Rücksicht auf die verschiedenen Garzeiten gleichzeitig in den Topf gegeben werden.
10. Nach Beendigung der Garzeit Suppen niemals abdampfen, sondern warten, bis der Druckanzeiger sich vollständig gesenkt hat. Fette Brühen brauchen dazu besonders lange, bleiben auch besonders lange heiß (Vorsicht beim Öffnen!). Hat der Druckanzeiger sich gesenkt, sofort das Ventiloberteil herausschrauben, sonst bekommt der Topf nochmals Druck! Beschleunigen kann man das Abnehmen des Drucks im Topf, indem man den Deckel abkühlt (s. S. 18).
11. Salz wenn möglich erst kurz vor dem Anrichten zur Suppe geben (s. S. 13), ebenso verfeinernde Geschmackszutaten. (s. Rezeptteil.)
12. Einlagen kommen erst in die fertige, abgesiebte Suppe. Fritatten, Eierstich, Backerbsen sowie extra gekochte, weil stark trübende Teigwaren mit heißer Brühe übergießen.

Fleischbrühe

*300–500 g Suppenfleisch (Querrippe, Schwanzstück),
250 g Knochen, Suppengrün und Wurzelwerk,
1 Zwiebel und evtl. 1 Tomate, Salz, Petersilie oder
Schnittlauch.*

Fleisch, Knochen, Suppengrün und geputztes Wurzelwerk kurz unter fließendem Wasser abbrausen und im Schnellkochtopf mit 1–1¹/₂ l kaltem Wasser aufsetzen. Aufkochen lassen und abschäumen, dann den Topf schließen. Nach einer Garzeit von 25–35 Minuten – je nachdem, wie kräftig die Brühe gewünscht wird oder wie das Fleisch beschaffen ist – den Topf öffnen, die Suppe absieben, mit Salz abschmecken, mit Einlagen nach Wunsch versehen und mit gehackter Petersilie oder Schnittlauch bestreut zu Tisch geben.

Garzeit: 25–35 Minuten

Kraftbrühe

*250 g mageres Rindfleisch, etwas Leber, Milz und
Knochenmark, Suppengrün und Wurzelwerk, 1 Tomate,
1 Eiweiß, Salz, Petersilie, evtl. 1 Gläschen Madeira oder
Sherry.*

Fleisch, Leber, Milz, Mark, Suppengrün und Wurzelwerk sowie die Tomate durch den Fleischwolf drehen. Auf den Boden des Schnellkochtopfs geben, 1–1¹/₂ l Wasser daraufgeben, den Topf schließen und die Suppe 25 Minuten garen. Den Topf nach dem Abkühlen öffnen, die Brühe absieben, das Eiweiß zum Klären einschlagen, nochmals absieben, mit Salz würzen und mit gehackter Petersilie und beliebigen Einlagen in Tassen servieren. Als Trinkbouillon wird diese Brühe mit Madeira oder Sherry verfeinert. Soll sie kalt gereicht werden, vorher gründlich entfetten.

Garzeit: 25 Minuten

Hühnerbrühe

*1 Suppenhuhn (auch tiefgekühlt), Magen, Herz und
Leber davon, Suppengrün und Wurzelwerk, Salz, Muskat,
(evtl. 1 Hühnerbrühwürfel und 1 Schuß Weißwein),
Nudeln, Petersilie oder Schnittlauch.*

1–1½ l Wasser mit Suppengrün und Wurzelwerk im Schnellkochtopf heiß werden lassen, das Huhn, wenn nötig zerkleinert (tiefgekühltes dann vorher auftauen, ansonsten gefroren verwenden bzw. nur soweit antauen, daß die Innereien sich herausnehmen lassen), sowie die Innereien zugeben und den Topf schließen. Nach einer Garzeit von 20–25 Minuten (tiefgekühltes Huhn um ⅓ kürzere Garzeit!) die fertige Brühe absieben, mit Salz und Muskat würzen, (evtl. auch einen Hühnerbrühwürfel dazu verwenden), und nach Wunsch mit Weißwein verfeinern. Über extra gekochte feine Nudeln und evtl. das ausgelöste, zerkleinerte Hühnerfleisch geben und mit gehackter Petersilie oder Schnittlauch bestreut servieren.

Garzeit: 20–25 Minuten

Frühlingssuppe

*400–500 g verschiedene junge Gemüse (Erbsen,
Bohnen, Karotten, Blumenkohl, Spargel, Kohlrabi usw.),
auch tiefgekühlt, 1–2 EL Margarine, ¾ l Fleischbrühe,
Salz, evtl. gekörnte Brühe, Schnittlauch oder Petersilie.*

Das sauber gewaschene, geputzte und zerkleinerte Gemüse im offenen Schnellkochtopf in Margarine andünsten. Mit 1 Tasse Wasser aufgießen und im geschlossenen Topf 4–5 Minuten garen. Nach dem Öffnen heiße Fleischbrühe auffüllen, abschmecken und mit gehacktem Schnittlauch oder Petersilie bestreut zu Tisch geben. Verfeinern kann man diese Suppe noch wahlweise durch Eierstich, kleine Grieß- oder Markklößchen, Champignons.

Garzeit: 4–5 Minuten

Eierstich für klare Suppen

2 Eier, 8 EL Milch, Salz, Muskat, Butter.

Alle Zutaten gut verrühren und in eine gebutterte feuerfeste Form füllen. ¼ l Wasser in den Schnellkochtopf geben und in die Form auf den Siebeinsatz stellen. Topf schließen und erhitzen, bis ganz knapp der erste Ring erscheint. Nach 8 Minuten herausnehmen und den Eierstich in beliebige Formen schneiden. In klarer Brühe oder Gemüsesuppe servieren.

Garzeit: 8 Minuten

Reissuppe

50 g Reis, 1 Zwiebel, 2 EL Margarine, 1 l Fleischbrühe (evtl. auch Würfel), Salz, evtl. 3–4 EL Sahne, 1 Eigelb, Schnittlauch.

Den mit einem Tuch abgeriebenen Reis und die feingeschnittene Zwiebel im offenen Schnellkochtopf in heißer Margarine hellgelb anrösten. Mit Fleischbrühe auffüllen und den Topf schließen. Nach 8 Minuten Garzeit die fertige Suppe abschmecken, evtl. mit Sahne und darin verquirltem Eigelb verfeinern und mit gehacktem Schnittlauch bestreut servieren.

Garzeit: 8 Minuten

Ochsenschwanzsuppe

500 g Ochsenschwanz, 50 g durchwachsener Speck, 1 EL Margarine, 1 Zwiebel, Suppengrün, 1–2 Tomaten, Salz, Pfeffer, Lorbeerblatt, noch 4 EL Margarine, 4 EL Mehl, 1 Gläschen Madeira, Zitronensaft, Zucker, evtl. Sahne.

Den gewaschenen Ochsenschwanz roh in Stücke hacken. Den Speck auf dem Boden des Schnellkochtopfs in 1 EL Margarine auslassen, feingeschnittenes Suppengrün und Zwiebel sowie das Fleisch darin anrösten. Die geviertelten Tomaten dazugeben, ebenso Salz, Pfeffer und Lorbeerblatt, und mit 1½ l Wasser aufgießen. 30 Minuten garen. Dann die fertige Brühe absieben. Margarine erhitzen, das Mehl unter Rühren solange darin rösten, bis es braun ist. Dann nach und nach die fertige Brühe dazugießen, zum Kochen bringen und einige Minuten ziehen lassen. Mit Madeira, Zitrone und 1 Prise Zucker abschmecken. Das Fleisch von den Knochen lösen, in Würfel schneiden und in der Suppe servieren. Auf jede Suppentasse evtl. einen Tupfen ungesüßte Schlagsahne geben.

Garzeit: 30 Minuten

Geflügelcremesuppe

500 g Hühnerklein, Suppengrün, 40 g Butter oder Margarine, 40 g Mehl, Salz, Muskat, 2 Eigelb, 100 g Champignons, 2 EL Erbsen, ⅛ l Sahne.

Das Hühnerklein (tiefgefrorenes unaufgetaut verwenden!) mit 1 l Wasser und dem zusammengebundenen Suppengrün im Schnellkochtopf 20 Minuten garen. Aus Butter und Mehl eine helle Schwitze bereiten, mit ½–¾ l abgesiebter Brühe auffüllen und durchkochen lassen. Mit Salz und Muskat abschmecken und mit Eigelb abziehen (nicht mehr kochen!). In Suppentassen die blättrig geschnittenen, gedünsteten Pilze oder Dosenpilze geben, ebenso die gedünsteten Erbsen oder Dosenerbsen, mit der fertigen Suppe auffüllen und die Tassen mit einem Tupfen geschlagener Sahne zu Tisch geben.

Garzeit: 20 Minuten

Tomatencremesuppe

500 g Tomaten, 1 Zwiebel, 1 EL Butter, 2–3 Tassen Fleischbrühe, 1 Lorbeerblatt, Thymian, 1 EL Margarine, 1 EL Mehl, ½ Tasse Milch, 1 Pr. Zucker, Pfeffer, Salz, 2 EL Sahne, Petersilie, Weißbrotwürfel.

Die Tomaten und die geschälte Zwiebel in Scheiben schneiden und im offenen Schnellkochtopf in Butter andünsten. 1 Tasse Fleischbrühe und Gewürze hinzufügen, den Topf schließen und 5 Minuten kochen lassen. Inzwischen aus Margarine und Mehl eine helle Schwitze bereiten, mit Milch ablöschen und bei schwacher Hitze dicklich kochen. Den Inhalt des Schnellkochtopfes durchsieben und dazugeben. Mit dem Rest der Fleischbrühe auf ca. 1 l auffüllen und unter Rühren glattkochen. Nachwürzen, mit Sahne verfeinern und mit gehackter Petersilie und gerösteten Weißbrotwürfeln bestreut servieren.

Garzeit: 5 Minuten

Blumenkohlcremesuppe

500 g Blumenkohl, Salz, 4 gestr. EL Stärkemehl,
5 EL Milch, 1 Eigelb, ¹/₈ l Sahne, Petersilie, Muskat oder
Macis.

Den Blumenkohl in Röschen zerteilen und diese im Siebeinsatz des Schnellkochtopfes in gut 1 l Salzwasser höchstens 1 Minute garen. Den Einsatz herausnehmen, die Röschen warmstellen. Das Blumenkohlwasser nochmals im offenen Topf zum Kochen bringen. Stärkemehl mit kalter Milch anrühren und die Suppe damit binden. Mit in Sahne verquirltem Eigelb abziehen, nicht mehr kochen. Die Blumenkohlröschen in Suppentassen oder -teller geben, die Suppe darüber füllen, mit gehackter Petersilie bestreuen und eine Spur geriebene Muskatnuß oder Macisblüte darüber stäuben.

Garzeit: 1 Minute

Zwiebelsuppe

200 g Zwiebeln, 80 g Butter oder Margarine, 1 EL Mehl,
1¹/₄ l Fleischbrühe, Salz, Pfeffer, Weißbrotscheiben,
50 g Emmentaler Käse.

Die in dünne Scheiben geschnittenen Zwiebeln im offenen Schnellkochtopf in 40 g Fett goldgelb braten, das Mehl darüber stäuben und hell anrösten. Die Fleischbrühe dazugeben, glattrühren und den Topf schließen. 3–4 Minuten kochen lassen. Nach dem Öffnen des Topfes die Suppe salzen und pfeffern. Inzwischen dünne Weißbrotscheiben in einer Pfanne im restlichen Fett hellbraun rösten. Die Suppe in Suppentassen geben, mit den Weißbrotscheiben bedecken und mit geriebenem Emmentaler Käse bestreut servieren.

Abwandlung: Zur »Gratinierten Zwiebelsuppe« füllt man die Suppe in eine feuerfeste Form oder in einzelne feuerfeste Suppentassen, bedeckt sie mit geröstetem Weißbrot, bestreut mit Käse und überbäckt kurz im vorgeheizten Backofen oder unter dem Grill (225°/5).

Garzeit: 3–4 Minuten

Kerbelsuppe

200 g Schinkenspeck, 1 EL Öl, 2 Karotten,
1 Petersilienwurzel, 2 Stangen Lauch, 1/4 Sellerieknolle,
2 Zwiebeln, 500 g Kartoffeln, 1 1/4 l Fleischbrühe, Salz,
1/2 Tasse Sahne, 4–6 EL gehackte Kerbelblätter,
evtl. geräucherte Schinkenwurst, Weißbrotwürfel.

Den würfelig geschnittenen Schinkenspeck im offenen Schnellkochtopf in Öl goldbraun braten. Das gewaschene Gemüse und die Zwiebeln zerkleinert darin anrösten. Die geschälten, gewürfelten Kartoffeln dazugeben. Mit Fleischbrühe aufgießen und den Topf schließen. Nach 8–10 Minuten Garzeit die Suppe salzen, mit Sahne verfeinern, den feingehackten Kerbel darunterrühren (nicht mehr kochen!), nach Belieben dünne Wurstscheiben hineingeben und die Suppe mit gerösteten Weißbrotwürfeln servieren.

Garzeit: 8–10 Minuten

Pilz-Kalbfleisch-Suppe

250 g Kalbfleisch, 1 Zwiebel, 2 EL Margarine, 1 EL Mehl,
1 l Fleisch- oder Knochenbrühe, 250 g Steinpilze, Salz,
Weißwein, 2 Eigelb, 2–3 EL Sahne, Dill.

Das durch den Fleischwolf gedrehte Kalbfleisch und die feingehackte Zwiebel im offenen Schnellkochtopf in Margarine goldgelb anrösten, mit Mehl überstäuben und mit 1/4 l Brühe glattrühren. Die kleingeschnittenen Pilze und 3/4 l Brühe dazugeben und den Topf schließen. Nach einer Garzeit von 5 Minuten den Topf abkühlen lassen. Die Suppe mit Salz und Weißwein abschmecken, mit den in Sahne verquirlten Eigelb legieren und mit gewiegtem Dill bestreut anrichten.

Garzeit: 5 Minuten

Linsensuppe

250 g Linsen, 1 Zwiebel, 1 große Kartoffel,
100 g durchwachsener Speck, 2 EL Mehl, Salz,
1 Prise Zucker, 1 Schuß Essig oder Rotwein,
evtl. 4 geräucherte Würstchen, Zwiebel- oder Porreeringe,
Weißbrotwürfel, Petersilie.

Die vorgeweichten Linsen (s. S. 117) mit der grobgehackten Zwiebel und der geschälten, grob gewürfelten Kartoffel in den Siebeinsatz des Schnellkochtopfs geben. Gut 1 l Wasser aufgießen, den Topf schließen und die Linsen 12–15 Minuten garen lassen. Inzwischen den feingewürfelten Speck auslassen, Mehl dazugeben und eine helle Schwitze bereiten. Die fertige, evtl. durch ein Sieb gestrichene Suppe dazugeben, kurz aufkochen lassen, mit Salz, Zucker und Essig oder Rotwein abschmecken, nach Belieben mit in dünne Scheiben geschnittenen, geräucherten Würstchen, gedünsteten Zwiebel- oder Porreeringen, gerösteten Weißbrotwürfeln verfeinern, mit gehackter Petersilie bestreut servieren.
Abwandlung: Noch delikater schmeckt die Linsensuppe, wenn man statt Würstchen kleingeschnittenes Wildfleisch beimengt.

Dann zum Abschmecken auf jeden Fall Rotwein nehmen! Oder man serviert die Suppe mit Leber- bzw. Fleischklößchen (s. S. 63).

Garzeit: 12–15 Minuten

Erbsensuppe

2 Karotten, 1 Stange Lauch, 1 Kartoffel, ¹/₂ Zwiebel,
2 EL Margarine, 200 g trockene Erbsen,
1 Stück Räucherspeck, Salz, Petersilie, Weißbrotwürfel.

Gewaschenes, geputztes und zerkleinertes Gemüse, Kartoffel und zerschnittene Zwiebel auf dem Boden des offenen Schnellkochtopfes in Fett andünsten. Die vorgeweichten (s. S. 117) Erbsen – am besten halbe Trockenerbsen verwenden – und den Speck dazugeben, mit 1¹/₂ l Wasser auffüllen und bei geschlossenem Topf 10–15 Minuten garen. Nach dem Abkühlen des Topfes die Suppe ohne Speck durch ein Sieb geben, salzen und mit gehackter Petersilie und gerösteten Weißbrotwürfeln bestreut servieren. Den Speck eventuell gewürfelt wieder zur Suppe geben.

Garzeit: 10–15 Minuten

Bohnensuppe Balkanart

200 g weiße Bohnen, 2 Karotten, 1 Petersilienwurzel,
durchwachsener Räucherspeck, 2 kleinere Zwiebeln,
1 grüne Paprikaschote, 1 Packung (450 g) TK-Bohnen,
1 Knoblauchzehe, Salz, 10 Tropfen Tabasco,
¹/₂ TL Paprikapulver (Rosenpaprika), Basilikum, Oregano.

Die weißen Bohnen über Nacht einweichen. Dann mit Karotten, Petersilienwurzel und 1 l Einweichwasser im Schnellkochtopf ca. 15 Minuten garen. Inzwischen den kleinwürfelig geschnittenen Räucherspeck zerlassen, die feingehackten Zwiebeln und die gewaschene, geputzte und in Streifen geschnittene Paprikaschote darin andünsten. Diese Mischung der Suppe zufügen, ebenso die unaufgetauten grünen Bohnen, die zerdrückte Knoblauchzehe und die Gewürze. Topf noch mal schließen und weitere 5 Minuten garen. Vor dem Servieren nach Geschmack nachwürzen.

Garzeit: 15 + 5 Minuten

Flämische Suppe

500 g Kartoffeln, 250 g Karotten, 2 Stangen Lauch (Porree), 250 g altbackenes Weißbrot, Salz, Pfeffer, 1 Eigelb, 30 g Butter, Petersilie.

Kartoffeln schälen, Karotten und Lauch waschen, alles in Stücke schneiden, ebenso das Weißbrot in große Würfel. Mit 1¼ l Wasser im Schnellkochtopf zum Kochen bringen und 7 Minuten garen. Dann die Suppe salzen und pfeffern, mit Eigelb legieren (nicht mehr kochen!), mit Butter verfeinern und mit feingehackter Petersilie bestreut servieren.

Garzeit: 7 Minuten

Wiener Kartoffelsuppe

100 g Räucherspeck, 1 EL Margarine, 1 Zwiebel, Suppengrün, ½ Knolle Sellerie, 2 Karotten, 750 g Kartoffeln, Kümmel, Majoran, 1 l Fleischbrühe, Salz, Pfeffer, 2 EL Sahne, 2 Paar Wiener Würstchen.

Den gewürfelten Räucherspeck im offenen Schnellkochtopf in Margarine glasig werden lassen, Zwiebel, Suppengrün, geschälte Sellerie – alles fein gehackt – zugeben, desgleichen die geputzten, in Scheiben geschnittenen Karotten, die geschälten, gewürfelten Kartoffeln und die Gewürze. ½ l Wasser angießen und den Topf verschließen. Nach 6–7 Minuten Garzeit den abgekühlten Topf öffnen, mit Fleischbrühe auffüllen. Die Suppe nachwürzen, mit Sahne oder Dosenmilch verfeinern und die in Scheiben geschnittenen Würstchen darin heiß werden lassen.

Garzeit: 6–7 Minuten

Minestrone (italienische Gemüsesuppe)

*4–5 EL Öl, 1 Zwiebel, 500 g gemischtes Gemüse
(Bohnen, Blumenkohl, Erbsen, Lauch, Karotten, Sellerie),
Tomaten oder Tomatenmark (2 Stück bzw. 1 EL),
1½ l Fleischbrühe, 100 g Spaghetti, Salz, Pfeffer,
1 Knoblauchzehe, Angostura, 50 g Parmesan- oder
Schweizer Käse, Petersilie.*

Das Öl im offenen Schnellkochtopf erhitzen, die würfelig geschnittene Zwiebel darin anrösten, das grob zerkleinerte Gemüse (evtl. auch Tiefkühlgemüse), Fruchtfleisch der Tomaten oder Tomatenmark dazugeben, mit Fleischbrühe aufgießen, die in kleine Stücke gebrochenen Spaghetti einstreuen und den Topf schließen. Nach einer Garzeit von 10 Minuten die Suppe mit Salz, Pfeffer, zerdrücktem Knoblauch und Angostura abschmecken und mit geriebenem Käse und gehackter Petersilie bestreut zu Tisch geben.

Garzeit: 10 Minuten

Kaukasische Hammelfleischsuppe

*500 g Hammelfleisch, 150 g Zwiebeln, 2–3 EL Öl,
100 g Reis, 2 TL Koriander, Salz, 200 g Backpflaumen oder
getrocknete Aprikosen, Petersilie.*

Das Hammelfleisch in große Würfel schneiden, in 1 EL Öl im offenen Schnellkochtopf anrösten, mit 1¼ l Wasser aufgießen, Topf schließen und 10 Minuten garen. Dann den Topf öffnen, die würfelig geschnittenen, in 1–2 EL Öl goldgelb gerösteten Zwiebeln, den gewaschenen Reis, Koriander (Pulver oder Körner), Salz und das vorgeweichte Backobst hinzufügen, den Topf schließen und das Ganze nochmals 8 Minuten kochen lassen. Vor dem Anrichten die Suppe mit gehackter Petersilie bestreuen.

Garzeit: 10 + 8 Minuten

Gulaschsuppe

500 g Rind- und Schweinefleisch, 100 g Speck,
500 g Zwiebeln, 250 g Paprikaschoten, 250 g Tomaten,
125 g Kartoffeln, 125 g Karotten, 1–2 Knoblauchzehen,
Kümmel, Salz, Pfeffer, 2 EL Rosenpaprika,
1 Tasse saure Sahne.

Fleisch und Speck in kleine Würfel schneiden, Zwiebeln hacken, alles im offenen Schnellkochtopf in der Reihenfolge Speck, Fleisch, Zwiebeln anrösten. Paprikastreifen und Tomatenstücke (geschält), Kartoffel- und Karottenwürfel dazugeben, alles unter Rühren anrösten. Zerdrückten Knoblauch und Kümmel hinzufügen, mit 1½ l Wasser aufgießen und bei verschlossenem Topf 15–20 Minuten garen. Nach dem Öffnen des Topfes die Suppe mit Salz, Pfeffer und Paprikapulver abschmecken, mit saurer Sahne verfeinern und mit Weißbrot servieren.

Garzeit: 15–20 Minuten

Wildsuppe Jägerart

1 Portion Hasenklein, 1 Zwiebel, 2–3 Gewürznelken,
2 Lorbeerblätter, 6 Wacholderbeeren, 2 Karotten,
2 EL Tomatenmark, Salz, Pfeffer, Rosenpaprika,
abger. Zitronenschale, 1 Glas Rotwein,
1 Tasse saure Sahne, Weißbrotwürfel.

Das Hasenklein (Bauch, Vorderläufe, Kopf, Herz und Lunge) mit der nelkengespickten Zwiebel, den Lorbeerblättern und Wacholderbeeren sowie 1 l Wasser im Schnellkochtopf 12–15 Minuten kochen. Die Brühe durchsieben, das Fleisch von den Knochen lösen und mit der Zwiebel durch den Fleischwolf drehen. Alles wieder zu der Brühe geben, dazu die geriebenen Karotten und das Tomatenmark, und nochmals bei geöffnetem Topf 10 Minuten leise kochen. Die Suppe dann mit den Gewürzen abschmecken, mit Wein und Sahne verfeinern und mit gerösteten Weißbrotwürfeln zu Tisch geben.

Garzeit: 12–15 Minuten

Ungarische Fischersuppe

1500 g Karpfen, 200 g Zwiebeln, 1 EL Edelsüßpaprika,
1 Pr. Rosenpaprika, Salz.

Kopf und Schwanz des ausgenommenen, gesäuberten Fischs mit 1 l Wasser, den in Scheiben geschnittenen Zwiebeln, Paprika und Salz im Schnellkochtopf ca. 10–12 Minuten kochen. Dann den Topf öffnen, die Brühe durchpassieren, das in dicke Scheiben geschnittene Fischfleisch, den Fischrogen und die Fischmilch dazugeben, den Topf nochmals schließen und weitere 5–6 Minuten garen. Recht heiß servieren. Kaltgestellt, ergibt diese Suppe eine ausgezeichnete Sülze.

Abwandlung: Das Originalgericht wird aus Süßwasserfischen gekocht. Die Suppe kann aber z. B. auch aus Goldbarsch zubereitet werden.

Garzeit: 10–12 + 5–6 Minuten

Hamburger Aalsuppe

350 g frischer Aal, Salz, Essig, 1 Schinkenknochen,
Suppengrün, 1 Stück Sellerie, 250 g Backobst,
250 g gemischtes Gemüse (Karotten, Erbsen, Blumenkohl),
40 g Margarine, 40 g Mehl, Salz, Pfeffer,
1 Schuß Weißwein, Dill.

Den abgezogenen und ausgenommenen Aal waschen, in Stücke schneiden, mit etwas warmem Essig übergießen und salzen. Den Schinkenknochen inzwischen mit Suppengrün und Sellerie in 1½ l Wasser im Schnellkochtopf 30 Minuten garen. Nach ca. 20 Minuten den Topf öffnen, den ungelochten Einsatz mit eingeweichtem Backobst und dem gesäuberten, gewürfelten Gemüse füllen, wieder einsetzen, Topf schließen und das Ganze weitere 10 Minuten garen. Dann den Topf öffnen, den Inhalt des Einsatzes beiseite stellen, Schinkenknochen, Suppengrün und Sellerie aus der Brühe nehmen, statt dessen die Aalstücke einlegen und 15 Minuten darin garziehen lassen. In der Zwischenzeit eine helle Schwitze bereiten, mit Schinken-Aal-Sud auffüllen, durchkochen, Aalstücke, von dem Knochen gelöste Schinkenstückchen, Gemüse und Backobst dazugeben, mit Salz, Pfeffer und Weißwein abschmecken und die Suppe, mit feingehacktem Dill bestreut, sehr heiß servieren.

Garzeit: 20 + 10 Minuten

Fruchtsuppe

500 g Obst (wahlweise Äpfel, Birnen, Kirschen, Pflaumen, Rhabarber, Stachelbeeren usw.), 2–3 EL Stärkemehl, 1 P. Vanillezucker, Zucker nach Geschmack, evtl. etwas Zitronensaft oder Wein.

Das gut gewaschene, wenn nötig zerkleinerte Obst mit 1 l kaltem Wasser im Schnellkochtopf zum Kochen bringen und 2–3 Minuten garen. Durch ein Sieb streichen, nochmals bei geöffnetem Topf aufkochen und mit dem in etwas kaltem Wasser angerührten Stärkemehl binden. Mit Zucker, Vanillezucker, Zitronensaft oder Wein abschmecken und, warm oder kalt, mit beliebigen Einlagen (Zwieback, Makronen, Schneeklößchen) reichen.

Garzeit: 2–3 Minuten

Rotweinsuppe

40 g Reis, 1 Stück Zimtrinde, 2 Nelken, $^{1}/_{2}$–$^{3}/_{4}$ l Rotwein, 2–3 EL Zucker.

Den gewaschenen Reis mit Zimt, Nelken und $^{1}/_{2}$ l Wasser im Schnellkochtopf 8 Minuten garen. Nach dem Öffnen den Wein zugießen, mit Zucker abschmecken und die Suppe bis kurz vor dem Kochen erhitzen. Warm oder kalt servieren.

Garzeit: 8 Minuten

Fleisch – saftig und kräftig

Ohne Fleischgerichte ist für viele eine gute Mahlzeit unvollständig. Wenn man den Eiweißreichtum mageren Fleisches bedenkt, ist diese Auffassung auch ernährungsphysiologisch durchaus gerechtfertigt. Der Nährwert des Fleisches beruht vor allem auf dem hohen Gehalt an wertvollem, leicht verdaulichem tierischen Eiweiß. Je magerer das Fleisch, desto eiweißreicher und kalorienärmer ist es. Auch Mineralsalze sind reichlich darin vorhanden, weniger dagegen Vitamine, weshalb jedes Fleischgericht unbedingt durch Kartoffeln, Gemüse, Salate usw. ergänzt werden sollte.

Fleisch ist wertvoll – aber nicht billig! Die so beliebten, schnell zubereiteten, delikaten Steaks und Schnitzel reißen ein gewaltiges Loch in die Haushaltskasse. Mindere Stücke aber erfordern meist eine sehr zeitraubende Zubereitung. Eine echte Problemlösung bietet auch hier der Schnellkochtopf bzw. die Schnellbratpfanne. Auch billigeres Fleisch, das sonst nach langer Garzeit trocken und faserig ist, wird darin unter Dampfdruck saftig und aromatisch. Es schrumpft nicht ein, die Brühe oder Soße wird besonders gehaltvoll und kräftig. Vor allem Kochfleisch, gedämpftes und gedünstetes Fleisch sowie Schmorfleisch lassen sich ausgezeichnet im Schnellkochtopf zubereiten. Zarte, kleine Fleischstücke wie Geschnetzeltes, Steaks, Schnitzel, Leberscheiben usw. mit ohnehin kurzen Garzeiten wird man nicht unbedingt unter Dampfdruck garen, obwohl es durchaus möglich ist (Schnellbratpfanne).

Grundregeln für Fleisch

1. Der Schnellkochtopf eignet sich für die Zubereitung von gekochtem Fleisch, größeren Bratenstücken und größeren Mengen von Soßengerichten. Die Schnellbratpfanne hingegen be-

nützt man vorwiegend für kleinere Bratenstücke, Rouladen, Gulasch, Ragouts und andere Soßengerichte.

2. Wichtig: Fleisch bei Zubereitung im Schnellkochtopf oder der Schnellbratpfanne immer in siedendes Wasser bzw. hoch erhitztes Fett geben, wenn es saftig und gehaltvoll bleiben soll! Durch die Hitze gerinnen die Eiweißstoffe der äußersten Schicht und verschließen die Zellen, so daß kein Fleischsaft austreten kann. Will man dagegen eine gute Fleischbrühe, sollte man das Fleisch mit kaltem Wasser ansetzen. Die Zellen bleiben dann frei von geronnenem Eiweiß, und das Fleisch wird wie gewünscht ausgelaugt.

3. Auch Salz fördert den Saftaustritt. Deshalb das Fleisch erst nach dem Anbraten salzen, wenn dies möglich ist, z. B. bei kleineren Fleischstücken für Ragout, Gulasch usw. Beim Wenden der Bratenstücke das Fleisch nicht mit der Gabel anstechen, da sonst Fleischsaft ausfließt. Ebenso größere Fleischstücke nach dem Garen erst 10 Minuten ruhen lassen, ehe man sie aufschneidet, um auch hier das Ausfließen des Fleischsaftes zu vermeiden.

4. Zum Anbraten möglichst wasserfreies Fett mit hohem Siedepunkt verwenden, wie Öl, Plattenfett, Butterschmalz.

5. Im Schnellkochtopf bzw. in der Schnellbratpfanne nur Fleischstücke bis zu einem Gewicht von 1 kg zubereiten, besser noch unterteilt in Stücke von je 250 bis 500 g. Pro Person rechnet man für eine Mahlzeit 150–250 g Fleisch.

6. Zubereitungsarten im Schnellkochtopf bzw. der Schnellbratpfanne:

Kochen oder Sieden: Fleisch wie oben beschrieben (vgl. a. S. 14) in siedendes Wasser geben. Es soll möglichst davon bedeckt sein.

Dämpfen: Fleisch in den leicht mit Wasser benetzten ungelochten Einsatz legen, dazu evtl. geeignete Gemüse (Diätkost!).

Dünsten: Fleisch mit Zwiebel, Suppengrün, Wurzelwerk, Tomaten usw. bei geringer Hitze in etwas Fett im offenen Schnellkochtopf andünsten, mit Flüssigkeit ablöschen und auf dem Topfboden in der entstehenden Soße oder darüber im gelochten Einsatz fertiggaren (in der Schnellbratpfanne auch im eigenen Saft).

Schmoren: Fleisch in sehr heißem Fett von allen Seiten recht kräftig anbräunen, dann mit Wasser, Brühe, Buttermilch, Wein usw. nach Rezept ablöschen, würzen und in der Soße fertigschmoren. Je kräftiger das Fleisch angebraten wurde, desto besser wird die Soße.

Braten: Das im Schnellkochtopf oder der Schnellbratpfanne bereits gedämpfte, gedünstete oder geschmorte Fleisch herausnehmen, gut abtropfen lassen, kurz vor dem Servieren mit kaltem Salzwasser bestreichen und einige Minuten unter den Grill oder bei starker Oberhitze (300° C/8) in den Backofen geben. Oder den fertiggegarten Braten mit der Oberseite nach unten in eine Pfanne mit heißem Fett geben und knusprig braun braten.

In der Schnellbratpfanne können auch Koteletts, Hacksteaks u. ä. zubereitet werden. Man brät sie auf einer Seite kräftig an, wendet, brät auf der anderen Seite nur kurz, gießt sehr wenig Flüssigkeit an bzw. fügt kleingeschnittene Gemüse wie Tomaten, Paprikaschoten usw. hinzu, schließt die Pfanne und gart unter Druck fertig.

7. Tiefgekühltes Fleisch wird, soweit es sich um große Stücke handelt, vor dem Braten oder Schmoren aufgetaut. Kochfleisch kann unaufgetaut verwendet werden, ebenso kleinere Stücke für Soßengerichte, die gefroren oder angetaut ins heiße Fett gegeben werden. Die Ankochzeit ist bei diesen Fleischgerichten etwas länger als normal, die Garzeit um ca. $1/3$ kürzer.

8. Die Garzeiten von Fleisch sind abhängig nicht nur von Fleischsorte, Alter, Art der Fütterung und Lagerzeit, sondern auch von der Größe des Bratenstücks. Um sie abzukürzen, empfiehlt es sich, größere Stücke zu teilen. Auch der persönliche Geschmack spielt natürlich eine Rolle, d. h. ob man das Fleisch härter oder weicher wünscht. Die in den folgenden Rezepten angegebenen Garzeiten sind daher nur Richtwerte.

9. Die Garzeit beginnt, wenn am Druckanzeiger der 2. Ring sichtbar wird. Schmort man allerdings in der Schnellbratpfanne Fleisch nur ganz kurze Zeit im eigenen Saft, so beginnt die Garzeit schon beim Erscheinen des 1. Ringes. Man läßt dann die Hitze langsam ansteigen und gart nur bis zum Sichtbarwerden des 2. Ringes.

10. Bei Fleischgerichten den Schnellkochtopf nicht mit fließendem kalten Wasser abkühlen, sondern den Topf wegstellen und erst öffnen, wenn er bei Raumtemperatur abgekühlt ist! Ausnahme: Schnitzel, Steaks u. ä. in der Schnellbratpfanne.
11. Die Soße kann man nach dem Garen noch beliebig verlängern mit Fleischbrühe, Wein, Sahne und nach Wunsch mit Mehl, Stärkemehl, einer Butter-Mehl-Kugel oder kochfertiger Bratensoße leicht andicken. In vielen Fällen ist sie aber so kräftig, daß man auf eine Bindung verzichten kann, zumal wenn Zwiebel, Wurzelwerk, Tomate usw. mitgeschmort und, durch ein Sieb gedrückt, der Soße wieder beigefügt wurden. Bestäuben des Fleisches mit Mehl während des Anbratens ist nur zu empfehlen, wenn der Topf oder die Pfanne eine Antikleb-Beschichtung aufweisen – sonst setzt die Soße leicht an!
12. Auch zum Aufwärmen von Fleischgerichten eignet sich der Schnellkochtopf vorzüglich. Man gibt das Gericht in den Topf und erhitzt unter Druck 2–3 Minuten lang. Das Gericht ist dann von einem frisch zubereiteten nicht zu unterscheiden.

Kochfleisch

500 g Rind- oder Ochsenfleisch, Markknochen,
Suppengrün und Wurzelwerk, 1 Zwiebel, Salz, Petersilie,
Meerrettich.

Knochen, gewaschenes und zerkleinertes Suppengrün und Wurzelwerk sowie die grob zerkleinerte Zwiebel im Schnellkochtopf mit 1 l kaltem Wasser ansetzen und zum Kochen bringen. Das Fleisch in die kochende Flüssigkeit geben, einmal aufkochen lassen, abschäumen und den Topf schließen. Nach einer Garzeit von ca. 25 Minuten, je nach Qualität des Fleisches auch etwas kürzer oder länger, das Fleisch herausheben und etwas ruhen lassen, ehe man es aufschneidet. Die Brühe absieben, salzen, etwas davon über das in Scheiben geschnittene Fleisch gießen und dieses mit Petersilie verziert und mit Meerrettich als Würzzutat zu Tisch geben.
Zum Kochfleisch schmecken auch verschiedene Soßen gut, z. B. Senf-, Tomaten- oder Kräutersoße (»grüne Soße«).

Garzeit: 25 Minuten

Ochsenzunge in Madeira

1 Ochsenzunge, gepökelt oder geräuchert, Suppengrün und Wurzelwerk, 1 Zwiebel.
Zur Soße: 30 g Margarine, 30 g Mehl, 1/2 l Kochbrühe, Salz, Pfeffer, 2–3 EL Madeira, 1 EL Kapern, Zucker und Zitronensaft.

Die gut gereinigte Zunge mit Suppengrün, Wurzelwerk und Zwiebel in 1 l im Schnellkochtopf kochendes Wasser geben. Den Topf schließen und 35–45 Minuten, je nach Größe, garen. Die Zunge dann schälen, in Scheiben schneiden und anrichten. Aus der Kochbrühe und einer dunklen Schwitze eine Soße bereiten, salzen, pfeffern, mit Madeira, Kapern, Zucker und Zitronensaft pikant abschmecken und die Zunge darin servieren, dazu Kartoffelbrei.

Garzeit: 35–45 Minuten

Sauerbraten »Winzer-Art«

750 g Rindfleisch (Keule), 100 g Speck, Salz,
1/2 l herber Weißwein, 1/2 Zitrone, 1 Zwiebel, Wurzelwerk, Lauch, 1 Lorbeerblatt, 4 Pfefferkörner, 3 Nelken,
3 Wacholderbeeren, 40 g Butterschmalz,
evtl. Bratensoße (Fertigprodukt), 125 g Trauben.

Das Fleisch waschen, abtrocknen, mit dem durch Salz gezogenen Speck spicken (oder es bereits beim Metzger besorgen lassen). Für die Beize den Wein mit in Scheiben geschnittener Zitrone, zerkleinerter Zwiebel, Wurzelwerk und Lauch sowie den Gewürzen aufkochen und erkaltet über das in einen Steintopf o. ä. gelegte Fleisch gießen. 2–3 Tage, am besten 1 ganze Woche darin marinieren. Am Tage der Zubereitung das Fleisch gut abtrocknen, im offenen Schnellkochtopf in erhitztem Butterschmalz rundherum anbraten, Zwiebel, Wurzelwerk und Lauch aus der Beize ebenfalls mit anschmoren. Mit Beizflüssigkeit (ca. 3/8 l) aufgießen, den Topf schließen und 20–25 Minuten garen. Dann das Fleisch herausnehmen, etwas ruhen lassen und aufschneiden.

Die abgesiebte Soße nach Belieben mit etwas angerührtem Soßenpulver binden und die abgezupften frischen Traubenbeeren einlegen, aber nicht kochen. Man gibt Fleisch und Soße mit rohen Kartoffelklößen zu Tisch.

Garzeit: 20–25 Minuten

Rindsrouladen mit Rotkohl

4 Scheiben Rindfleisch (Keule), je 100 g, Salz, Pfeffer,
Senf, 40 g Räucherspeck, 1 Zwiebel, 2 Gewürzgurken,
50 g Fett, evtl. Sahne, Senf oder Tomatenmark,
1 TL Stärkemehl.

Die Fleischscheiben leicht klopfen, salzen, pfeffern, dünn mit Senf bestreichen und mit in Streifen geschnittenem Speck, gehackter Zwiebel und Gurkenstreifen belegen. Von der schmalen Seite her aufrollen, mit einer Bratennadel bzw. -klammer oder einem Faden zusammenhalten. Im offenen Schnellkochtopf oder der Schnellbratpfanne in dem erhitzten Fett von allen Seiten gut anbraten. Dann mit $^1/_8$ l Wasser aufgießen. Die Rouladen entweder in der Pfanne in der Soße oder im Topf im gelochten Einsatz über der Soße 8 bis 12 Minuten unter Dampfdruck garen. Die Soße nach Öffnen des Topfes oder der Pfanne mit Sahne, Senf oder Tomatenmark abschmecken und mit angerührtem Stärkemehl binden, dabei evtl. etwas verlängern. Die Rouladen mit Soße übergossen servieren, dazu Salzkartoffeln oder Kartoffelbrei sowie Rotkohl (Rezept s. S. 114). Zur Füllung können auch Schinken, Leberwurst, Pilze, hartgekochte Eier etc. in beliebiger Zusammenstellung verwendet werden (s. Abb. nach S. 32).

Garzeit: 8–12 Minuten

Rinderherz-Ragout

1 kg Rinderherz, Salz, 2 Karotten, 60 g Fett, 60 g Mehl,
$^1/_2$ l Fleischbrühe (Kochsud), Salz, Pfeffer, 3–4 EL Sahne,
1 Schuß Weinbrand, 1–2 Gewürzgurken.

Das gründlich gewaschene Rinderherz im Schnellkochtopf in 1 l kochendem Salzwasser 20–25 Minuten garen. Herausnehmen und in gulaschgroße Würfel schneiden. Die geputzten, gewaschenen Karotten in Fett anrösten, das Mehl überstäuben und gut bräunen lassen. Mit Brühe aufgießen, salzen, pfeffern und die Soße unter Rühren aufkochen. Mit Sahne und Weinbrand abschmecken, die feingewürfelten Gewürzgurken hineingeben, die Soße über die Fleischwürfel gießen und das Gericht mit Reis zu Tisch geben.

Garzeit: 20–25 Minuten

Pikante Lendenschnitten

4 Lendenschnitten (je 150 g), 20 g Butterschmalz, Salz, Pfeffer, Thymian, 1 Zwiebel, $^1/_{10}$ l Gin oder Calvados, $^1/_{10}$ l Sahne (süß oder sauer), $^1/_2$ TL Mehl.

Die vorbereiteten Lendenschnitten in der Schnellbratpfanne in heißem Butterschmalz scharf von beiden Seiten anbraten. Mit Salz, frisch gemahlenem Pfeffer und Thymian würzen. Die feingehackte Zwiebel zugeben und etwas anlaufen lassen. Nun das Fleisch mit Gin oder Calvados begießen, die Pfanne schließen und 10 Minuten unter Druck garen. Die Fleischscheiben herausnehmen und warmstellen. Zum Bratenfond die mit Mehl verrührte Sahne geben, einmal kurz aufkochen lassen, evtl. nachwürzen und die Soße zum Fleisch servieren, dazu Reis, Kartoffelbrei oder Pommes frites.

Garzeit: 10 Minuten

Schweineschmorbraten Hausmacherart

500–750 g Schweinefleisch (Keule, Kamm oder Schulter), Salz, Pfeffer, bei magerem Fleisch 50 g Fett, 1 Zwiebel, Suppengrün, 2–3 Wacholderbeeren, 1 TL Kümmel, 1 Knoblauchzehe, $^1/_8$–$^1/_4$ l Wasser oder Fleischbrühe, 1 gestr. EL Stärkemehl.

Das Schweinefleisch mit Salz und Pfeffer einreiben. Fett in offenen Schnellkochtopf erhitzen, mageres Schweinefleisch darin von allen Seiten scharf anbraten (fettes Fleisch im eigenen Saft bräunen, dabei öfters wenden). Kleingeschnittene Zwiebel und gewaschenes, zerkleinertes Suppengrün mit anschmoren, Wacholderbeeren, Kümmel und die zerdrückte Knoblauchzehe hinzufügen, mit 1/8 l Wasser oder Fleischbrühe aufgießen und das Fleisch nun entweder auf dem Topfboden in der Soße oder im gelochten Einsatz über der Soße 15–20 Minuten schmoren. Das gegarte Fleisch herausnehmen und bis zum Aufschneiden 10 Minuten ruhen lassen. Die Soße absieben, mit 1/8 l Wasser verlängern, evtl. entfetten, mit dem angerührten Stärkemehl leicht binden, nach Wunsch noch würzen und zum in Scheiben geschnittenen Fleisch servieren. Knödel oder Salzkartoffeln passen dazu.

Garzeit: 15–20 Minuten

Kasseler/Ripperl mit Sauerkraut

4 Scheiben Kasseler, 1 Rezept Sauerkraut (s. S. 110).

Auf dem Boden des Schnellkochtopfs Sauerkraut andünsten und würzen. Die Fleischscheiben zuoberst darauflegen, den Topf schließen und 10 Minuten garen. Das Fleisch mit dem Sauerkraut anrichten, dazu Salzkartoffeln (gleichzeitig als Menü im Einsatz gegart) oder Klöße.

Abwandlungen: Kasseler kann man auch mit Wirsing, Rotkohl etc. zubereiten. Und statt Kasseler (Ripperl) eignet sich auch gut Schweinebauch (Wammerl) oder Eisbein oder Schweinefüße.

Garzeit: 10 Minuten

Schweinerollbraten in Bier

750 g Schweinerollbraten (mit Knochenbeilage), Salz,
Pfeffer, 50 g Butterschmalz, 1 Zwiebel, 1 Karotte,
1 kleine Flasche (0,3 l) Bier Pilsener Art.

Den Rollbraten mit Salz und frisch gemahlenem Pfeffer einreiben und im offenen Schnellkochtopf in 30 g heißem Butterschmalz kräftig anbraten. Herausnehmen, in den Bratenfond noch 20 g Butterschmalz geben und nun die kleingehackten Knochen und die vorbereitete Zwiebel und Karotte darin anschmoren. Mit 3/8 l Wasser aufgießen, Topf schließen und 10 Minuten kochen. Dann den Rollbraten mit der abgesiebten Fleischsoße zurück in den Schnellkochtopf geben, das Bier darübergießen, Topf schließen und das Fleisch 20 Minuten darin garschmoren. Mit Salzkartoffeln oder Knödeln zu Tisch geben.

Garzeit: 10 + 20 Minuten

Böhmische Schweinefleischschüssel

500 g Schweinefleisch, 2 Zwiebeln, 50 g Butterschmalz,
2 TL Paprika edelsüß, Pfeffer, Salz, 1 Tasse Fleischbrühe
oder Wasser, 3 Schweinenieren,
1 kleine Dose Champignons, 1 EL Mehl, 3–4 EL Sahne.

Das Schweinefleisch in Würfel schneiden. Auch die Zwiebeln würfeln. Beides im offenen Schnellkochtopf in 30 g erhitztem Butterschmalz andünsten. Mit 1 TL Paprikapulver, Pfeffer und Salz würzen und mit Fleischbrühe aufgießen. Topf schließen und 8–10 Minuten garen. Inzwischen die gut gesäuberten, in Scheiben geschnittenen Nieren zusammen mit den abgetropften Champignons mit 20 g Butterschmalz in einer Pfanne anrösten. Mit 1 TL Paprikapulver würzen. Die Nieren und Pilze zu dem Fleisch geben, das Gericht mit in Sahne verrührtem Mehl binden. Man serviert Semmel- oder Kartoffelknödel dazu.

Garzeit: 8–10 Minuten

Königsberger Klopse

500 g gemischtes Hackfleisch (halb Rind, halb Schwein),
2 Semmeln, 1/8 l Milch, 2–3 Sardellenfilets, 2 Eier,
1/2 Zwiebel, Salz, Pfeffer, abgeriebene Schale von
1/2 Zitrone, Petersilie.

Zur Soße: 40 g Margarine, 40 g Mehl, ¹/₂ l Fleischbrühe, Pfeffer, Salz, 1 EL Kapern, Zitronensaft, 2 Eigelb.

Aus Hackfleisch mit in heißer Milch geweichten, ausgedrückten Semmeln, feingehackten Sardellenfilets, Eiern, feingeriebener Zwiebel, Salz, Pfeffer, Zitronenschale und gehackter Petersilie einen Fleischteig herstellen, mit feuchten Händen kleine runde Klöße formen und im gelochten Einsatz des Schnellkochtopfs über ¹/₄ l kochendem Wasser oder im ungelochten Einsatz über einer dampfbildenden Speise 6–8 Minuten garen. Für die Soße aus Margarine und Mehl eine helle Schwitze bereiten, mit Fleischbrühe aufkochen, mit Pfeffer, Salz, Kapern und Zitronensaft abschmecken und mit den Eigelb legieren (nicht mehr kochen!). Die fertigen Klopse in der Soße servieren, dazu Salzkartoffeln.

Abwandlung: Dieselben Klößchen kann man auch in Tomaten- oder Champignonsoße servieren.

Garzeit: 6–8 Minuten

Leberknödel

100 g Rindsleber, 20 g Margarine, 1 Ei, 3–4 EL Paniermehl, 1 Knoblauchzehe, Majoran, Salz, geriebene Zitronenschale.

Die Rindsleber waschen, häuten und durch den Fleischwolf drehen oder im Mixer pürieren. Die Margarine schaumig rühren, Leber, Ei, Paniermehl sowie die Gewürze zugeben. Es muß eine feste Masse entstehen. Aus ihr mit feuchten Händen kleine Klöße formen und diese im gelochten Einsatz des Schnellkochtopfs über ¹/₄ l kochendem Wasser oder im ungelochten Einsatz über einer dampfbildenden Speise 5 Minuten garen. In heißer Fleischbrühe, Linsensuppe (s. S. 47) oder zu Sauerkraut servieren.

Garzeit: 5 Minuten

Kalbsbraten

500–750 g Kalbfleisch, 40 g Fett, 1 Zwiebel, Wurzelwerk, Salz, Pfeffer, Salbei oder Basilikum, saure Sahne oder Buttermilch, evtl. 1 TL Mehl, Tomatenmark oder Sardellenpaste (oder Paprika, Weißwein, Reibkäse, Pilze).

Das Kalbfleisch waschen und gut abtrocknen. Fett im offenen Schnellkochtopf erhitzen und das Fleisch darin rundherum anbraten. Kleingeschnittene Zwiebel und geputztes, gewaschenes und zerkleinertes Wurzelwerk mit anrösten, das Fleisch mit Salz, Pfeffer, etwas Salbei oder Basilikum bestäuben und mit ³/₈ l Wasser aufgießen. Den Braten nun entweder auf dem Topfboden oder im gelochten Einsatz über der Soßenflüssigkeit bei geschlossenem Topf 15 Minuten garen. Den fertigen Braten herausnehmen und etwas ruhen lassen. Die Soße mit saurer Sahne oder Buttermilch verfeinern, evtl. mit angerührtem Mehl binden und mit Tomatenmark oder Sardellenpaste nach Belieben abschmecken. Auch Paprika edelsüß, Weißwein, geriebener Käse usw. können zum Abschmecken verwendet werden. Gebratene oder Dosenpilze, der Soße beigefügt, sind eine weitere beliebte Variante. Man serviert den in Scheiben geschnittenen Braten mit der Soße und Reis, Salzkartoffeln oder Semmelknödeln als Beilage.

Garzeit: 15 Minuten

Gefüllte Kalbsbrust

750–1000 g Kalbsbrust, Salz, Pfeffer, 40 g Butterschmalz, 1 Zwiebel, Suppengrün, ³/₈ l Fleischbrühe, saure Sahne oder Buttermilch, 1 TL Mehl, Paprika edelsüß oder Sardellenpaste zum Abschmecken.
Zur Füllung: 2–3 altbackene Semmeln, ¹/₈ l Milch, 1–2 Eier, ½ Zwiebel, Salz, Muskat, Petersilie, dazu wahlweise

Abb. rechts: Gemüsetopf mit Fleisch
(Vergl. Rezept S. 89)

100 g Kalbsbrät (geschabtes Kalbfleisch),
100 g geschabte Kalbsleber, 100 g gebratene Pilze oder
100 g gekochte, pürierte Kastanien.

Die Kalbsbrust, in die man vom Metzger bereits eine Tasche schneiden ließ, innen und außen salzen und pfeffern. Für die Füllung die Semmeln mit kochend heißer Milch übergießen. Sobald sie aufgeweicht sind, mit Eiern, feingeriebener Zwiebel (oder getrockneter Zwiebel aus der Streudose), Salz, Muskat, feingehackter Petersilie sowie wahlweise einer der oben angegebenen Geschmackszutaten zu einem geschmeidigen Teig verarbeiten. Die Kalbsbrust damit füllen, vernähen und im offenen Schnellkochtopf in erhitztem Butterschmalz gut anbraten, gleichzeitig die feingeschnittene Zwiebel und das Suppengrün mit andünsten. Mit Fleischbrühe aufgießen, Topf schließen und 18–20 Minuten garen. Danach die Kalbsbrust etwas ruhen lassen, die Fäden entfernen und das Fleisch in dicke Scheiben schneiden. Die Soße inzwischen mit saurer Sahne oder Buttermilch, in der 1 TL Mehl verrührt wurde, abrunden und mit Paprika oder Sardellenpaste abschmecken. Die Kalbsbrust mit Soße übergossen servieren, dazu Salzkartoffeln, Nudeln oder Reis.

Garzeit: 18–20 Minuten

Kalbsgulasch

500 g Kalbfleisch, 50 g Butterschmalz, 1 Zwiebel, Salz,
Pfeffer, Saft von ½ Zitrone, 200 g Tomaten,
1 TL Rosenpaprika, ⅛ l saure Sahne, 1 EL Stärkemehl.

Das Kalbfleisch in Würfel schneiden. Butterschmalz im offenen Schnellkochtopf erhitzen, Fleisch scharf darin anbraten, die gewürfelte Zwiebel hell darin anbräunen. Mit ⅛ l Wasser löschen, Salz, Pfeffer und Zitronensaft zufügen, den Topf schließen und

Abb. links: Pot-au-feu
(Vergl. Rezept S. 88)

5 Minuten garen. Den abgekühlten Topf öffnen und die enthäuteten, geviertelten Tomaten dazugeben. Topf wieder schließen und nochmals 3–5 Minuten garen. Nun das Gulasch mit Rosenpaprika abschmecken und mit in saurer Sahne verrührtem Stärkemehl binden. Das Gericht mit Salzkartoffeln oder Reis zu Tisch geben.

Abwandlung: Ganz ähnlich bereitet man auch Rindsgulasch zu. Doch nimmt man auf 500 g Rindfleisch mindestens 400 g Zwiebeln, würzt außer mit Paprika mit 1 Knoblauchzehe, Kümmel und Majoran und nimmt zum Andicken nur 2–3 EL saure Sahne mit 1 TL Stärkemehl. Die Tomaten kann man weglassen und durch 1 EL Tomatenmark ersetzen. Garzeit (statt 1½–2 Stunden bei herkömmlicher Kochweise): 15 Minuten.

Garzeit: 8–10 Minuten

Kalbsrouladen/Kalbsvögel

4 Scheiben Kalbfleisch, 4 Scheiben roher Schinken, 4 geschälte, kernweichgekochte Eier, 40 g Butterschmalz, ⅛ l Wasser oder Fleischbrühe, 1 Glas herber Weißwein, 1 TL Stärkemehl, 2–3 EL saure Sahne oder Dosenmilch, Salz, evtl. geriebener Käse.

Die Kalbfleischscheiben mit dem Messer flachdrücken und auf jede eine Scheibe Schinken und ein kernweichgekochtes Ei (nicht hartgekocht, da es sonst schwarz wird!) legen. Zusammenrollen und mit Bratennadeln zusammenhalten oder mit Fäden umwickeln. Nun in der offenen Schnellbratpfanne das Fett erhitzen, die Kalbsrouladen darin von allen Seiten gut anbräunen. Vorsichtig Wasser oder Fleischbrühe und Wein angießen, Pfanne schließen und 10 bis 12 Minuten garen. Dann die Rouladen herausnehmen, die Soße mit in Sahne oder Dosenmilch angerührtem Stärkemehl binden und mit Salz und evtl. geriebenem Käse abschmecken. Man serviert die Kalbsrouladen mit Reis oder Kartoffeln. Wem sie zu üppig sind, der kann den Schinken auch weglassen.

Garzeit: 10–12 Minuten

Schwetzinger Kalbsfrikassee

*500 g Kalbfleisch, 1 Zwiebel, 2–3 EL Öl, Salz,
ca. 300 g Spargelstücke (frisch gekocht oder Dose).
Zur Soße: 30 g Butter oder Margarine, 30 g Mehl
(oder 1 Beutel weiße Fertigsoße), $1/4$ l Kalbfleischbrühe
(Kochsud), $1/8$ l Spargelbrühe, $1/8$ l Milch, 1 Eigelb,
1 Pr. Zucker, 1–2 EL Weißwein oder etwas Zitronensaft.*

Das Kalbfleisch und die Zwiebel in Würfel schneiden und im offenen Schnellkochtopf in erhitztem Öl anbraten. $3/8$ l Wasser angießen, salzen, Topf schließen und 8–10 Minuten garen. Die gekochten Spargelstücke inzwischen abtropfen lassen. Eine helle Schwitze aus Fett und Mehl bereiten und mit abgesiebter Kalbfleischbrühe, Spargelbrühe und Milch aufgießen (oder statt dessen aus der angegebenen Flüssigkeit und der Fertigsoße eine helle Soße bereiten). Die Soße 1 Minute kochen lassen, dann mit Eigelb legieren (nicht mehr kochen!), mit Zucker, Wein oder Zitronensaft abschmecken und Fleisch sowie Spargelstücke hineingeben. Das Frikassee mit körnig gekochtem Reis servieren. (Auch als Schonkost geeignet.)

Garzeit: 8–10 Minuten

Kalbs-Zungenragout

*1–2 Kalbszungen (je nach Größe), 2 Zwiebeln, Wurzelwerk, einige Pfefferkörner, Salz.
Zur Soße: 40 g Butter, 20 g Mehl, $1/4$ l Kochsud, $1/8$ l Sahne, evtl. 1 Pr. Zucker, 1 kleines Glas Mixed Pickles.*

Die Kalbszungen vom Schlund befreien, gründlich waschen und mit Zwiebeln, geputztem, gewaschenem Wurzelwerk und Pfefferkörnern im Schnellkochtopf in $3/8$ l gesalzenem Wasser ansetzen. Topf schließen und 20–25 Minuten garen. Die gargekochten Zungen abziehen, in schräge Scheiben schneiden und in etwas Kochsud warmhalten. Aus Butter, Mehl und Kochsud eine helle Soße bereiten, mit Sahne verfeinern und die Mixed Pickles darin heiß werden lassen. Die Soße evtl. noch abschmecken und die Zungenscheiben damit übergießen. Mit Reiß, Nudeln oder Salzkartoffeln zu Tisch geben.

Garzeit: 20–25 Minuten

Hammelkeule à la Ninon

1 mittelgroße, gespickte Hammelkeule,
½ Flasche Rosé-Wein, ½ l Wasser mit Estragonessig,
2 Zwiebeln, Wurzelwerk, 2 Lorbeerblätter,
1–2 Knoblauchzehen, 1 gestr. EL Basilikum,
5 Körner Piment, Pfeffer, Salz, Olivenöl,
1 gestr. TL Stärkemehl, frische Kräuter.

Für dieses nach Ninon de Lenclos benannte Gericht eine Marinade aus Wein, Wasser, Essig, Zwiebeln, Wurzelwerk und den Gewürzen sowie 2–3 EL Öl herstellen (aufkochen und erkalten lassen) und die gespickte Keule 2–3 Tage darin ziehen lassen. Das marinierte Bratenstück am Tage der Zubereitung herausnehmen, abtrocknen, pfeffern, salzen und im offenen Schnellkochtopf von allen Seiten kräftig anbräunen. Mit der Marinade ablöschen, Topf schließen und die Keule 20–25 Minuten schmoren. Das Fleisch herausnehmen, in Scheiben schneiden und warmstellen, die Soße abfetten, mit angerührtem Stärkemehl ganz leicht binden und reichlich feingehackte frische Kräuter einrühren. Man serviert die Hammelkeule mit Pommes frites und in Butter geschwenkten Bohnen (s. S. 101).

Garzeit: 20–25 Minuten

Hammelpörkölt

500–750 g Hammelfleisch (Schulter), Salz, Pfeffer,
200 g Zwiebeln, 1–2 Knoblauchzehen, 50 g Fett,
⅛ l Buttermilch, ⅛ l Fleischbrühe, 1 EL Paprika edelsüß,
1–2 EL Tomatenmark, 1 EL Mehl, evtl. 1 Schuß Rotwein.

Das Hammelfleisch in große Würfel schneiden, mit Salz und Pfeffer würzen. Die Fleischwürfel mit den gewürfelten Zwiebeln und zerdrückten Knoblauchzehen im offenen Schnellkochtopf in erhitztem Fett scharf anbraten. Mit Buttermilch und Fleischbrühe löschen, Paprika und Tomatenmark zugeben, den Topf schließen und 15–20 Minuten garen. Nun die Soße mit dem angerührten Mehl binden, evtl. noch mit Pfeffer und Salz nachwürzen und mit Rotwein verfeinern. Man reicht das Pörkölt mit Salzkartoffeln oder Butternudeln.

Garzeit: 15–20 Minuten

Hammelschulter in pikanter Soße

*1 kg Hammelschulter, 2 Zwiebeln, Wurzelwerk,
einige Pfefferkörner, Salz.
Zur Soße: 30 g Butterschmalz oder Margarine, 30 g Mehl,
1/2 l Hammelbrühe (Kochsud), 1 Eigelb, Kapern, Salz,
Zitronensaft.*

Die Hammelschulter entbeinen, rollen, binden und mit Zwiebeln, geputzten Möhren und Sellerie, Pfefferkörnern sowie 3/4 l–1 l Salzwasser in den Schnellkochtopf geben, evtl. mit Zwiebeln und Wurzelwerk in den Siebeinsatz legen. Topf schließen und 20–25 Minuten garen. Inzwischen aus Fett und Mehl eine helle Schwitze bereiten. Sobald der Topf geöffnet und die Brühe abgesiebt ist, die Schwitze mit Hammelbrühe aufgießen, unter Rühren sämig kochen, mit Eigelb legieren (nicht mehr kochen!) und mit Kapern, Salz und Zitronensaft recht pikant abschmekken. Das Fleisch in Scheiben schneiden und mit der Soße auf vorgewärmter Platte anrichten. Dazu gibt es Salzkartoffeln.

Garzeit: 20–25 Minuten

Wildgerichte für Kenner

Da Fleisch von frisch erlegtem Wild fast immer sehr zäh ist, war es früher üblich, es längere Zeit abhängen zu lassen, wobei sich der typische Haut-Goût entwickelte, der eigentlich nichts anderes ist als der Beginn der Zersetzung. Deshalb verzichtet man heute auf lange Lagerung; Wildfleisch wird im allgemeinen härter verspeist. Außerdem hat man im Schnellkochtopf bzw. der Schnellbratpfanne eine ideale Möglichkeit gefunden, auch Fleisch von frisch erlegtem Wild in relativ kurzer Zeit zu weichen, saftigen und schmackhaften Gerichten zu verarbeiten. Das typische Wildaroma bleibt dabei nicht nur erhalten, sondern wird sogar noch gesteigert. Deshalb kann auch bei kleinen Fleischstücken ganz auf das Beizen verzichtet werden. Größere Stücke legt man nach wie vor in eine der üblichen Beizen aus Buttermilch, Wein oder Essig mit Gewürzen, doch genügen im allgemeinen 1–2 Tage, wo früher mindestens eine Woche Beizen erforderlich war.

Grundregeln für Wild
1. Grundsätzlich gelten für Wildfleisch die allgemeinen Fleischregeln (s. S. 54), für Wildgeflügel die Geflügel-Regeln (s. S. 74).
2. Wildfleisch sollte man jedoch besonders kräftig in stark erhitztem Fett anbraten und mit wenig Flüssigkeit aufgießen. Das A und O aller Wildgerichte ist die Soße, die aus dem Wildfleisch selbst stammt und möglichst wenig andere Bestandteile enthalten sollte. Deshalb ist die Schnellbratpfanne besonders gut für die Zubereitung von Wildgerichten geeignet. In dieser Pfanne können auch Wildschnitzel und -steaks im eigenen Saft gegart werden (Garzeit beginnt hier bei Sichtbarwerden des 1. Rings, sonst bei Erscheinen des 2. Rings).

3. Tiefgekühlte größere Bratenstücke (Keule, Rücken) unbedingt auftauen lassen, damit sie bei den verhältnismäßig kurzen Garzeiten völlig durchschmoren.
4. Wildgeflügel kann wie üblich mit Speck umwickelt gegart werden, doch ist dies nicht unbedingt erforderlich, da es im Schnellkochtopf ohnehin saftiger wird als bei konventioneller Zubereitung.

Rehbraten pikant

750 g Rehfleisch aus der Keule, Salz, Pfeffer,
100 g Räucherspeck, 50 g Fett, 1 Zwiebel, Suppengrün,
2 Wacholderbeeren, 1/2 Tasse Buttermilch, 1 Glas Rotwein,
1/2 Tasse saure Sahne, 1 EL Mehl, Essig, Zucker.

Das Rehfleisch einige Tage in ein mit Essig getränktes Tuch wickeln und abliegen lassen. Vor der Zubereitung gut abtrocknen, enthäuten, salzen, pfeffern und mit Räucherspeck spicken, falls nicht bereits gespicktes Fleisch gekauft wurde. Im offenen Schnellkochtopf das Fett erhitzen, das Fleisch mit Zwiebelwürfeln und kleingeschnittenem Suppengrün darin von allen Seiten gut anbraten, zerdrückte Wacholderbeeren hinzufügen, 1/2 Tasse Wasser, 1/2 Tasse Buttermilch und den Rotwein angießen, den Topf schließen und 15–20 Minuten garen. Dann die Soße mit in der sauren Sahne verrührtem Mehl binden und mit Essig, Zucker und evtl. Salz abschmecken. Den Rehbraten mit Spätzle oder Salzkartoffeln (s. S. 122) zu Tisch geben, dazu gedünstete, mit Preiselbeerkompott gefüllte Birnenhälften.

Garzeit: 15–20 Minuten

Siebenbürger Wildragout

750 g Ragoutfleisch (Reh oder Hirsch), 4–5 EL Öl,
2 Zwiebeln, 1/2 Knoblauchzehe, Salz, Pfeffer, Paprika edelsüß, Thymian, Oregano, 3 grüne Paprikaschoten,
1/4 l Wasser oder Fleischbrühe, evtl. 1 EL Mehl.

Das möglichst 1–2 Tage in Buttermilch oder Essigbeize (s. S. 70) marinierte Fleisch in Würfel schneiden. Öl im offenen Schnellkochtopf heiß werden lassen, würfelig geschnittene Zwiebeln, zerdrückte Knoblauchzehe sowie das abgetropfte Fleisch darin anbraten. Gewürze und die geputzten, gewaschenen und in Streifen geschnittenen Paprikaschoten zugeben. Mit Wasser oder Fleischbrühe ablöschen, den Schnellkochtopf schließen und 15–20 Minuten garen. Dann das Ragout nochmals abschmecken und evtl. mit angerührtem Mehl binden. Dazu reicht man körnig gekochten Reis.

Garzeit: 15–20 Minuten

Hasenpfeffer mit Backpflaumen

1 junges Wildkaninchen oder ½ junger Hase (ca. 1 kg),
¾ l Rotwein, 1 Gläschen Cognac oder Weinbrand,
1 Zwiebel, 1 Karotte, 2 Lorbeerblätter, 1 Nelke,
3–4 Pfefferkörner, Salz, 100 g Backpflaumen, 30 g Fett,
50 g Räucherspeck, 100 g Schalotten, Pfeffer, 1 TL Mehl.

Am Vorabend der Zubereitung das zerlegte Kaninchen bzw. das Hasenfleisch in eine Marinade, zubereitet aus Rotwein, Cognac, in Scheiben geschnittener Zwiebel und Karotte sowie den Gewürzen, legen und über Nacht darin lassen. In einem zweiten Gefäß die Backpflaumen in Wasser einweichen. Am nächsten Tag Fett im offenen Schnellkochtopf erhitzen, die abgetropften Hasenstücke darin gut anbräunen, mit Marinade begießen, bis das Fleisch davon bedeckt ist, den Topf schließen und 10 Minuten garen lassen. Dann den Topf ausleeren, die Soße absieben, würfelig geschnittenen Räucherspeck, ganze Schalotten und das Fleisch zurück in den Topf geben, die Soße wieder darübergießen, die abgetropften Backpflaumen dazugeben, mit Pfeffer und Salz abschmecken, den Topf schließen und nochmals 5 Minuten garen. Den Hasenpfeffer mit in Wasser angerührtem Mehl binden und mit Nudeln oder Kartoffelbrei servieren.

Garzeit: 10 + 5 Minuten

Wildschweingulasch »Chasseur«

*800 g Wildschweinfleisch, 1 Tasse Essig, 1 Lorbeerblatt,
2–3 Nelken, 3–4 Pfefferkörner, 75 g Speck, 1 EL Fett,
1 Zwiebel, 1 TL Paprika edelsüß, Salz, 1 Glas Rotwein,
3–4 EL saure Sahne, 1 EL Mehl, Pfeffer.*

Das Wildschweinfleisch in große Würfel schneiden. Essig mit 1 Tasse Wasser, Lorbeerblatt, Nelken und Pfefferkörnern aufkochen und diese Marinade abgekühlt über die Fleischwürfel gießen. Zugedeckt 1–2 Tage stehen lassen. Vor der Zubereitung das Fleisch gut abtropfen lassen. Gewürfelten Speck in Fett auf dem Boden des offenen Schnellkochtopfes anbraten, Fleisch und die würfelig geschnittene Zwiebel zugeben, anbräunen, mit Paprika und Salz bestäuben und mit Rotwein, etwas Marinade und Wasser auffüllen. Den Topf schließen und 10–15 Minuten garen. Die Soße mit dem in saurer Sahne verrührtem Mehl binden und das Gericht mit Pfeffer und evtl. Salz abschmecken.

Garzeit: 10–15 Minuten

Gefüllte Rebhühner
4–6 Personen

*4 bratfertige Rebhühner, Salz, Pfeffer, Muskat.
Zur Füllung: 250 g Leber, 75 g Schinkenspeck, 7 EL Öl,
250 g Pfifferlinge, 1 Zwiebel, 1 EL Paniermehl,
1/2 l Fleischbrühe, 4 Wacholderbeeren, 2 Nelken,
1 Lorbeerblatt, 4 EL Sahne, 1 TL Mehl, 2 EL Sherry.*

Die Rebhühner waschen und gut abtrocknen, innen und außen mit Salz, Pfeffer und Muskat würzen. Die Leber in kleine Würfel schneiden und in ausgebratenen Speckwürfeln und 1 EL Öl anbraten. Paniermehl daruntermengen, salzen und pfeffern. Die Rebhühner mit dieser Masse füllen, zunähen und in 6 EL erhitztem Öl im offenen Schnellkochtopf von allen Seiten braun braten. Mit Fleischbrühe aufgießen, Gewürze zugeben und die Rebhühner garen. Die Soße mit Sahne und Sherry verfeinern, dazu Kartoffelbrei und Preiselbeerkompott oder Kartoffel und Sauerkraut.

Garzeit: 12–15 Minuten

Geflügel –
zart und bekömmlich

Heute ist ein saftiges Suppenhuhn oder leckeres Brathähnchen für jedermann ein erschwingliches Alltagsgericht geworden. Eine besonders gewichtige Rolle spielt mageres Geflügelfleisch in der Diätküche, da es leichter verdaulich als jedes andere Fleisch, dabei aber kalorienarm ist, als hochwertige Eiweißnahrung gut und schnell sättigt, ohne den Organismus zu belasten. Es hat einen Eiweißanteil bis zu 25%, enthält die lebensnotwendigen Aminosäuren, Vitamine der B-Gruppe, Vitamin C sowie viele wichtige Mineralstoffe. Im Schnellkochtopf können selbst ältere Hühner zu köstlichen Suppen und schmackhaften Soßengerichten werden. Besonders geeignet für die Zubereitung im Schnellkochtopf bzw. der Schnellbratpfanne sind Geflügelteile, die tiefgekühlt in großer Auswahl angeboten werden: Hühnerklein, Hühnerbrüste, Puterrollbraten, Puterkeulen, Gänse- und Entenkeulen usw. für Schmorgerichte (im eigenen Saft oder in einer Wein- bzw. Sahnesoße), Gulasch, Ragout und ähnliches.

Grundregeln für Geflügel

1. Zum Braten nur junges, zartes Geflügel verwenden, tiefgekühltes vorher ganz auftauen lassen. Im Schnellkochtopf vorgaren, dann abtropfen lassen, mit kaltem Salzwasser bestreichen und unter dem Grill bzw. im sehr heißen Backofen (300° C/8) einige Minuten überbräunen. Die Hähnchen können auch vor dem Grillen mit Honig bestrichen werden, um eine knusprig-braune Haut zu erzielen.

2. Zum Schmoren ganze Vögel in 4–6 Stücke teilen oder Geflügelteile verwenden (tiefgekühlte an- oder aufgetaut). Im Schnellkochtopf oder der Schnellbratpfanne scharf anbraten, ablöschen, würzen, Topf oder Pfanne schließen und fertigschmoren. Die Soße dann nach Rezept abrunden.

3. Suppenhühner in das im Schnellkochtopf kochende Wasser geben. Tiefgekühlte vorher nur so weit auftauen, daß sich das evtl. im Innern verborgene Päckchen mit Hals und Innereien herauslösen läßt.

4. Die Garzeit von Geflügel beginnt mit Erscheinen des 2. Ringes (bei Schmoren im eigenen Saft in der Schnellbratpfanne bei Sichtbarwerden des 1. Ringes).

5. Die Garzeiten schwanken auch bei Geflügel je nach Alter und Größe. Die hier angegebenen Zahlen sind also nur Richtwerte. Bei gefrorenem Geflügel sind die Garzeiten um $1/3$ kürzer, die Ankochzeiten jedoch etwas länger als bei frischem Geflügel.

Suppenhuhn

1 Suppenhuhn (auch tiefgekühlt), Salz, Suppengrün und Wurzelwerk, evtl. 1 Zwiebel, gekochte Suppennudeln, Petersilie.

1–1$1/2$ l leicht gesalzenes Wasser im Schnellkochtopf zum Kochen bringen. Das gut gereinigte, von den evtl. im Innern des Plastikbeutels verborgenen Innereien befreite Huhn mit reichlich Suppengrün, geputzten Wurzeln und Zwiebeln hineingeben, Topf schließen und 25–35 Minuten, je nach Alter, garen. Das fertige Huhn von den Knochen lösen und in eine Schüssel geben, die abgesiebte Hühnerbrühe daraufgießen und das Fleisch hinzufügen. (Man kann das Huhn auch schon vor dem Garen in 6 Teile zerlegen.) Mit gehackter Petersilie bestreut servieren.

Abwandlungen: Das gekochte Huhn paßt auch zu in Hühnerbrühe gegartem Reis. Dazu 2 Tassen Reis mit 3 Tassen Hühnerbrühe im ungelochten Einsatz des Schnellkochtopfs garen und mit den Geflügelfleisch-Stücken zu Tisch geben. Gefülltes Suppenhuhn zu bereiten, ist empfehlenswert, wenn man nur ein ziemlich altes Suppenhuhn zur Verfügung hat. Man macht eine Füllung aus 1–2 altbackenen Semmeln, 100 g gekochtem Schinken, den Hühnerinnereien, Petersilie, alles feingehackt, 1 Ei, Salz und Pfeffer.

Garzeit: 25–35 Minuten

Hühnerfrikassee

1 mittelgroßes Huhn (auch tiefgekühlt), Salz, Suppengrün und Wurzelwerk, 50 g Stärkemehl, 4 EL saure Sahne, Muskat, Zitronensaft, Weißwein, Zucker,
evtl. 2–3 EL Mayonnaise oder 1 Ei und 1 EL Butter, Petersilie.

1–1½ l leicht gesalzenes Wasser im Schnellkochtopf zum Kochen bringen. Das vorbereitete Huhn in 6–8 Stücke zerlegen und mit Suppengrün und Wurzelwerk hineingeben. Topf schließen und 15–20 Minuten garen. Das Huhn dann von den Knochen lösen und in mundgerechte Stücke schneiden. ¾ l Brühe abmessen, durchsieben, zum Kochen bringen und mit dem in saurer Sahne angerührten Stärkemehl binden. Die Soße mit Salz, Muskat, Zitronensaft, Weißwein und 1 Prise Zucker pikant abschmecken, zuletzt entweder die Mayonnaise unterrühren oder die Soße mit dem Eigelb legieren und mit Butter verfeinern. Das Fleisch hinzufügen und mit feingehackter Petersilie bestreuen. Man serviert das Frikassee im Reisrand.

Abwandlung: Das Frikassee kann mit gedünsteten oder Dosenchampignons oder feinen grünen Erbsen (TK oder Dose) bzw. Spargelstücken nach Geschmack verändert werden. Einen besonders pikanten Akzent geben Ananasstücke aus der Dose.

Garzeit: 15–20 Minuten

Brathähnchen mit Pilzfüllung

2 Junghähnchen, Salz, Butter, 1/4 l Fleischbrühe.
Zur Füllung: 1 EL Butter, 2 Zwiebeln, 1 kleine Dose oder
100 g frische Pfifferlinge, Hühnerleber, 3 Eier,
1–2 EL Paniermehl, Petersilie, Salz.

Die geputzten, gewaschenen Hähnchen leicht salzen, mit einer Füllung versehen. Man stellt sie aus Butter, feingehackten, darin gerösteten Zwiebeln und gut abgetropften (oder ebenfalls angeschmorten) Pfifferlingen sowie Hühnerleber, Paniermehl, Eiern und feingehackter Petersilie her, schmeckt mit Salz ab. Die gefüllten, vernähten Hähnchen im Schnellkochtopf in reichlich Butter rasch von allen Seiten anbräunen, mit Fleischbrühe oder Hühnerbrühe (Würfel) aufgießen und Topf schließen. Nach 8–15 Minuten sind die Hähnchen gar. Man serviert sie, in je 2 Hälften zerteilt, mit der Soße zu Risotto oder Kartoffelpüree.

Garzeit: 8–15 Minuten

Coq au vin/Huhn in Wein

1 Poularde (auch tiefgekühlt), Salz, Pfeffer,
50 g Butter oder Butterschmalz, 100 g Räucherspeck,
1 Zwiebel oder einige Schalotten, 200 g Champignons,
1/4 l Hühnerbrühe (evtl. aus Würfel), 1/4 l Rotwein,
2 Knoblauchzehen, 1 Lorbeerblatt, 1 Nelke, 1 EL Mehl.

Die vorbereitete Poularde in 6–8 Stücke zerlegen, salzen und pfeffern. Fett im Schnellkochtopf erhitzen, die Geflügelteile darin von allen Seiten anschmoren. Dann den gewürfelten Räucherspeck, gewürfelte Zwiebel, geputzte, gewaschene und zerkleinerte Pilze dazugeben und ebenfalls anschmoren. Mit Brühe und Rotwein aufgießen, Gewürze beifügen, Topf schließen und 8–10 Minuten garen. Die fertige Soße mit etwas angerührtem Mehl binden und das Gericht mit Salzkartoffeln, Kartoffelpüree oder Nudeln servieren.

Garzeit: 8–10 Minuten

Spanisches Hähnchen

1 Brathähnchen, Salz, Pfeffer, Öl zum Braten,
1 Knoblauchzehe, 2 Zwiebeln, 3 Tomaten, 2 Paprikaschoten,
¼ l Brühe.

Das vorbereitete Hähnchen mit den Gewürzen einreiben. Öl erhitzen, das Hähnchen mit Zwiebeln und Knoblauchzehe anbraten und in den Siebeinsatz legen. Geschnittene Tomaten und Paprikaschoten mit ¼ l Brühe zu den Zwiebeln geben. Siebeinsatz einsetzen, Topf schließen und garen.
Die Soße kann später mit etwas Tomatenmark oder etwas saurer Sahne verfeinert werden (s. Abb. vor S. 113).

Garzeit: 5–10 Minuten

Junge Schmorente, französische Art
4–6 Personen

1 junge Ente (ca. 1½ kg, auch tiefgekühlt), Salz, Pfeffer,
40 g Butter oder Butterschmalz, 100 g Speck, 1 Karotte,
1 Zwiebel, 1 Glas Weißwein, 500 g verschiedene
junge Gemüse (frisch oder tiefgekühlt), Butter.

Die vorbereitete Ente salzen, pfeffern und in Fett im offenen Schnellkochtopf rundherum goldgelb anbraten. Nun den in Würfel geschnittenen Speck, die in Scheiben geschnittene Karotte und die gewürfelte Zwiebel hinzufügen, das Ganze 10 Minuten schmoren, dann mit Weißwein und 1 Glas Wasser begießen, den Topf schließen und weitere 15–18 Minuten garen. 5 Minuten vor Ende der Garzeit den Topf öffnen, die vorher in etwas Butter angedünsteten Gemüse (Karotten, Erbsen, Kohlrabi etc.) hinzufügen, Topf wieder schließen und fertigschmoren. Das Gericht abschmecken und mit Salzkartoffeln zu Tisch geben.

Garzeit: 25–28 Minuten

Fischspezialitäten

Die meisten Fischarten sind äußerst kalorienarm und daher ausgesprochene Schlankmacher. Auch Kohlenhydrate enthält Fisch nur in unbedeutender Menge, um so mehr aber biologisch hochwertiges Eiweiß, außerdem Vitamine sowie zahlreiche Mineralsalze und Spurenelemente, darunter sehr viel Jod. Fisch ist leicht verdaulich, eignet sich also für fast alle Diäten hervorragend. Er ist schnell zubereitet, fast immer billig, dank der Tiefkühlung auch im Binnenland fangfrisch, und er liefert köstliche Gerichte. Uns interessieren hier allerdings nur die wenigen Zubereitungsarten, die unter Dampfdruck möglich sind.
Lohnt es sich überhaupt bei den normalerweise sehr kurzen Garzeiten, den Schnellkochtopf in Gebrauch zu nehmen?
Ich behaupte: ja! Es gibt viele Fischarten mit festem Fleisch, die durchaus unter Dampfdruck gegart werden können, ohne an Konsistenz zu verlieren. Vor allem beim Dünsten im eigenen Saft im Schnellkochtopf bleiben alle wertvollen Nähr-, Aufbau- und Aromastoffe fast voll erhalten. Der Sud, der dabei entsteht, ist einfach herrlich! Der Fisch wird weder ausgelaugt, noch dringen penetrante Gerüche aus der Küche – ein Vorteil des hermetischen Verschlusses. »Fischig« riecht es erst nach der Zubereitung, wenn der Topf zum Servieren geöffnet wird. Auf das Kochen besonders zarter Fische und Fischfilets (z. B. Forelle, Seezunge) im Schnellkochtopf sollte man allerdings verzichten – aber für sie gibt es ja genügend andere Zubereitungsarten!

Grundregeln für Fisch

1. Nur Fische mit festem Fleisch im Schnellkochtopf garen, wie z. B. Kabeljau, Dorsch, Rot- oder Goldbarsch, Schellfisch, Leng-

fisch, Scholle, Merlan, aber auch Heilbutt, Aal, Lachs und Thunfisch (tiefgekühlt erhältlich) sowie gesalzene (Klippfisch) und getrocknete Fische (Stockfisch). Man kann sowohl Fischfilets als auch ganze Portionsfische, wenn sie nicht zu groß sind und ihr Fleisch genügend fest ist, im Schnellkochtopf oder der Schnellbratpfanne zubereiten. Pro Person rechnet man 200 g Fischfleisch (nicht ausgenommener Fisch: 400 g).

2. Den Fisch wie üblich säubern und säuern, salzen, aber möglichst erst kurz vor oder nach dem Garen, da Salz dem Fisch Wasser entzieht und ihn trocken macht. Vorsichtig würzen!

3. Beste Zubereitungsart: Dünsten im eigenen Saft oder mit etwas Flüssigkeit, z. B. Wein, der besonders gut zu Fisch paßt (herbe Sorten verwenden, da süße Weine während des Kochens schwarz werden).

   Möglich ist auch Dämpfen über Wasser mit Essig- oder Zitronensaft-Zusatz, sowie Schmoren (Ragouts) und Braten in der Schnellbratpfanne (z. B. auf Müllerin-Art).

4. Die Garzeiten für Fisch im Schnellkochtopf liegen im allgemeinen zwischen 2 und 7 Minuten. Bei konventioneller Zubereitung benötigt z. B. Dünstfisch im Kochtopf 25–35 Minuten, im Backofen 35–40 Minuten, im Tontopf sogar bis zu 1 Stunde.

5. Man gibt den gesäuberten, gesäuerten Fisch entweder in den ungelochten oder den gelochten Einsatz des Schnellkochtopfs über $1/8$–$1/4$ l Wasser bzw. über eine dampfbildende Speise. Ganze Fische kann man auch in den Drahtkorb bzw. auf das gelochte Bodenblech mit einer entsprechenden Flüssigkeitsmenge geben. Oder man dünstet ihn auf dem Boden des offenen Schnellkochtopfs an, gibt $1/8$–$1/4$ l Flüssigkeit hinzu und gart unter Dampfdruck fertig.

6. Fisch wird gerne als Menü mit Salzkartoffeln oder Reis zusammen gegart, da diese Beilagen sehr gut zu Dünstfisch passen.

7. Die Garzeiten beginnen, wenn der 1. Ring am Druckanzeiger sichtbar wird. Stets Topf oder Pfanne unter fließendem kalten

Abb. rechts: Balkantopf
(Vergl. Rezept S. 91)

Wasser abkühlen, um ein Nachgaren des empfindlichen Fischs zu vermeiden!
8. Tiefkühl-Fisch gibt man unaufgetaut, nur gesäuert, zum Dünsten oder Dämpfen in den Schnellkochtopf. Oder man brät ihn in der Schnellbratpfanne.
9. Sollte Ihr Schnellkochtopf einmal stark nach Fisch riechen, so verdampfen Sie im geöffneten Topf etwas Essigwasser. Es nimmt den Fischgeruch.

Fisch im eigenen Saft
Grundrezept

800 g Fischfilet, frisch oder tiefgekühlt, 1/2 Zitrone, verschiedene Gemüse (Karotten, Sellerie, Porree, Tomaten usw.) nach Wahl, 1 Zwiebel, frische Kräuter (Petersilie, Dill), 20 g Butter, Salz.

Das Fischfilet portionieren, wenn nötig, säubern und mit Zitronensaft beträufeln. Auf ein Bett aus verschiedenen geputzten, gewaschenen und kleingeschnittenen Gemüsen in den ungelochten Einsatz des Schnellkochtopfs über mindestens 1/4 l Wasser geben, frische Kräuter, Zwiebelscheiben, evtl. noch dünne Zitronenscheiben sowie Butterflöckchen darauf verteilen, den Topf schließen und 5–7 Minuten garen. Den fertig gedünsteten Fisch nach Wunsch leicht salzen und mit dem Fischsaft, Salzkartoffeln und Salat auftragen. Oder aus dem Saft eine beliebige Soße bereiten.

Abwandlungen: Lecker schmeckt Dünstfisch auch mit reichlich frischen, blättrig geschnittenen Pilzen, Zwiebelscheiben und Kräutern gegart. Oder man legt den Einsatz des Schnellkochtopfs mit – evtl. leicht gebutterter – Alufolie aus, gibt die Fischfilets mit Zitronenscheiben, feingehackter Zwiebel und Kräutern hinein, darüber 2–3 EL Weißwein, drückt die Folie oben gut zu-

Abb. links: Irish Stew
(Vergl. Rezept S. 93)

sammen und gart 6–8 Minuten. Den Weinfond mit 1 Eigelb legieren, nicht mehr kochen!

Garzeit 5–8 Minuten

Soßen zu Dünstfisch

Eine helle Grundsoße, bereitet aus Fett, Mehl, Fischsaft, Milch, Fleischbrühe oder Weißwein, Salz, Pfeffer und Eigelb – bei Zeitmangel kann man auch eine Fertigsoße (Päckchen) verwenden – wird durch folgende Geschmackszutaten abgeändert:

Champignonsoße:
150 g frische oder 1 kleine Dose Champignons,
1 TL Zitronensaft (mit Weißwein anrühren).

Currysoße:
Curry nach Geschmack (mindestens 1 TL),
½ säuerlicher, feingeriebener Apfel, etwas Zitronensaft.

Holländische Soße:
1–2 Eigelb zusätzlich, Zitronensaft
und Zucker nach Geschmack (kein Weißwein).

Kapernsoße:
½ Röhrchen Kapern.

Käsesoße:
50 g Reibkäse (mit Weißwein anrühren).

Krabbensoße:
200 g Krabben, 1 TL gehackter Dill.

Kräutersoße:
Gehackte frische oder tiefgekühlte Kräuter
nach Geschmack (mindestens 1 EL), oder auch nur Dill,
Petersilie etc. allein.

Senfsoße:
2 EL Senf, Zucker nach Geschmack.

Tomatensoße:
2 EL Tomatenmark, 1 EL feingeriebene
Zwiebel, 1 Msp Majoran, 1 Msp Basilikum, Zitrone und
Zucker nach Geschmack.

Fischröllchen in Tomatensoße

4 Fischfilets, Zitronensaft, Salz, Pfeffer, Basilikum,
4 Speckstreifen, Gewürzgurke, eingelegte Paprikaschoten,
2 Tassen Brühe, Tomatenmark.

Die Filets säuern und würzen. Mit Speck-, Gurken- und Paprikastreifen belegen, zusammenrollen und mit einem Holzspieß zusammenhalten. Die Röllchen anbraten. Zwei Tassen Brühe auffüllen, den Topf schließen und garen. Nach dem Ende der Garzeit Fischröllchen herausnehmen und aus der Brühe eine kräftige Tomatensoße zubereiten. Die Röllchen in der Soße servieren.
Dazu: Salzkartoffeln und grünen Salat (s. Umschlagbild).

Garzeit: 3–5 Minuten

Budapester Fischgulasch

800 g Fischfilet, frisch oder tiefgekühlt, $^1/_2$ Zitrone,
100 g Räucherspeck, 40 g Margarine, 2 große Zwiebeln,
3 Tomaten, 2 grüne Paprikaschoten,
1 kleine Dose Pfifferlinge, Salz, Pfeffer, 1 EL Paprika edelsüß, etwas Knoblauchpulver, 1 EL Tomatenmark,
$^1/_8$ l saure Sahne.

Das Fischfilet, wenn nötig, säubern, säuern und in große Würfel schneiden. Im offenen Schnellkochtopf oder Schnellbratpfanne den würfelig geschnittenen Räucherspeck ausbraten, Margarine zugeben, die in Würfel geschnittenen Zwiebeln darin anrösten. Gewürfelte enthäutete Tomaten, gewaschene, in Streifen geschnittene Paprikaschoten sowie Pilze mit etwas Dosenflüssigkeit dazugeben. Salz und Gewürze darüberstreuen und einige Minuten durchdünsten. Nun Tomatenmark und die Fischwürfel dazugeben, Topf oder Pfanne schließen und das Gulasch 2–3 Minuten garen. Nach dem Öffnen die saure Sahne vorsichtig darunterrühren. Man reicht das Gericht zu körnig gekochtem Reis oder Salzkartoffeln.

Garzeit: 2–3 Minuten

Aal auf Matrosenart

*1 großer frischer Aal oder 2 kleine Aale, 50 g Margarine,
2 Zwiebeln, 1 Karotte, 1 Knoblauchzehe, 1 Lorbeerblatt,
Salz Pfeffer, 1 Gläschen hochprozentiger Cognac
oder Weinbrand, 1/2 l Rotwein, 100 g Champignons,
noch 1 EL Margarine, 1 TL Mehl.*

Den Aal enthäuten und in 6 cm lange Stücke schneiden, sofern das nicht bereits der Fischhändler getan hat. Die Margarine im offenen Schnellkochtopf oder in der Schnellbratpfanne erhitzen, die feingeschnittenen Zwiebeln und die gesäuberte, in Scheiben geschnittene Karotte darin andünsten, zerdrückte Knoblauchzehe und Lorbeerblatt zufügen und Aalstücke einlegen. Salzen, pfeffern, mit Cognac übergießen und flambieren. Dann den Rotwein darübergießen und den Topf oder die Pfanne schließen. 4–6 Minuten garen. Inzwischen die geputzten, gewaschenen Champignons in etwas Margarine anschmoren und dem fertigen Aalgericht zufügen. Die Soße absieben, mit dem angerührten Mehl binden und wieder über die Aalstücke geben.

Garzeit: 4–6 Minuten

Fischcurry auf Feinschmeckerart

*800 g Fischfilet, frisch oder tiefgekühlt, 1/2 Zitrone, Salz,
1/2 Zwiebel, 1/8 l Weißwein.
Zur Soße: 1 EL Margarine, 1 Zwiebel, 1 TL Curry,
einige Tropfen Tabasco, 1 TL Mehl, 1/8 l Milch,
1/4 l Fischsud, 1 Banane, 4 Scheiben Ananas,
1/2 kleine Dose Mandarin-Orangen, einige Kompott-Kirschen.*

Das Fischfilet portionieren, wenn nötig waschen, mit Zitronensaft beträufeln und leicht salzen. Dann im ungelochten Einsatz des Schnellkochtopfs mit Zwiebelscheiben und Weißwein über gut 1/4 l kochendem Wasser gardünsten (5–7 Minuten). Inzwischen für die Soße Margarine zerlaufen lassen, feingehackte Zwiebel darin andünsten, Curry, Tabasco und Mehl zugeben, kurz anrösten. Mit Milch und dem inzwischen im Schnellkochtopf entstandenen Fischsud aufgießen und 10 Minuten leise kochen lassen. Kurz vor dem Servieren die geschälte, kleingeschnittene Banane, Ananasstücke, Mandarin-Orangen und Kirschen (oder statt dessen eine kleine Dose Fruchtcocktail) zufügen und heiß werden lassen. Den Fisch auf vorgewärmter Platte, mit der Soße übergossen, zu körnig gekochtem Reis servieren.

Garzeit: 5–7 Minuten

Fischschnitzel »alla Romana«

4 Fischfilets (zusammen ca. 800 g), ¹/₂ Zitrone, Salz,
Mehl zum Wenden, 50 g Butterschmalz, 50 g Räucherspeck,
1 Paprikaschote, 1 Glas Weißwein, 1 Msp Rosenpaprika,
4 Scheiben Chesterkäse, 4 Sardellenfilets.

Die Fischfilets säubern, säuern und salzen, in Mehl wenden und in der offenen Schnellbratpfanne in heißem Fett rasch von beiden Seiten goldbraun braten. Herausnehmen und warmstellen. Nun den würfelig geschnittenen Räucherspeck zum Bratfond in die Pfanne geben, dazu die geputzte, gewaschene und in feine Streifen geschnittene Paprikaschote. Weißwein darübergießen, mit Salz und Rosenpaprika bestäuben und kurz durchschmoren. Die Fischschnitzel darauflegen, jeweils mit 1 Scheibe Käse bedecken. Die Sardellenfilets halbieren, so daß 8 Streifen entstehen, und diese kreuzweise über die Käsescheiben legen. Die Pfanne schließen und noch 2 Minuten unter Dampfdruck garen. Die Fischschnitzel mit dem Paprikagemüse, Spaghetti und Tomatensoße oder mit Kartoffelbrei zu Tisch geben.

Garzeit: 2 Minuten

Gefüllter Kabeljau
6 Personen

1 kg Kabeljau im Stück, ¹/₂ Zitrone, Salz,
20 g Butterschmalz oder Margarine, ³/₈ l Fleischbrühe,
2 EL Dosenmilch.
Zur Füllung: 1–2 eingeweichte Semmeln, 1 EL Öl,

*40 g Räucherspeck, 1 kleine Zwiebel,
50 g frische Champignons, 1 Ei, Salz, Pfeffer, Muskat,
abgeriebene Schale von ¹/₂ Zitrone, 1 Gläschen Sherry,
feingehackte Kräuter nach Geschmack.*

Den gesäuberten, entgräteten Fisch säuern, salzen und von der Bauchseite her füllen. Für die Füllung Öl erhitzen, Würfel von Räucherspeck, Zwiebel und Pilzen darin anrösten, ausgedrückte Semmeln, Ei, Gewürze, Sherry und Kräuter dazugeben. Den gefüllten, zugenähten Fisch im offenen Schnellkochtopf in Fett anbraten, Brühe angießen, Topf schließen und mindestens 10 Minuten garen. Die entstandene Soße mit Dosenmilch verfeinern und den Fisch – nachdem die Fäden entfernt wurden – mit Kartoffelbrei und Salat zu Tisch geben.

Garzeit: 10 Minuten

Schellfisch in Weinsoße

*500–700 g Schellfisch, Salz, 1 gewürfelte Zwiebel,
1 Knoblauchzehe, Öl zum Braten oder statt dessen
50 g Butter bzw. Margarine, etwas Pfeffer,
¹/₄ l herber Weißwein, 2 TL Rahm, evtl. noch 1 TL Mehl,
Petersilie.*

Öl im Schnellkochtopf erhitzen. Die gewürfelte Zwiebel und die Knoblauchzehe darin durchdünsten, den sauber geputzten Fisch anbraten, mit dem Weißwein ablöschen und den Topf schließen. Den fertigen Fisch mit reichlich Petersilie bestreuen. Die Soße mit Rahm binden – evtl. 1 TL Mehl noch dazu geben – und abschmecken (s. Abb. vor S. 33).

Garzeit: 6–8 Minuten

Alles in einem Topf

Eintöpfe sind besser als ihr Ruf! Denken wir nur an all die herzhaften und pikanten Eintopfgerichte, die als Spezialitäten selbst der Speisekarte eines Luxushotels Ehre machen. Pot-au-feu, Irish Stew und Chili con Carne, Borschtsch und Szegediner Gulasch, Paella und Puchero sind nur einige davon. Eine ganze Reihe guter Eigenschaften haben ihnen den Weg geebnet:

1. Sie erfordern wenig Arbeit, geringen Energieverbrauch und wenig Aufwand an Koch- und Serviergeschirr.
2. Sie lassen sich gut vorbereiten und schmecken »aufgewärmt« fast noch besser als frisch.
3. Sie gelingen immer; auch Neulinge kommen mit den Rezepten zurecht.
4. Sie lassen der Phantasie bei der Variierung von Mengen und Zutaten breiten Spielraum.
5. Reste können noch zu ausgezeichneten Eintopfgerichten verarbeitet werden.

Ihre Nachteile: Sie sind oft sehr kompakt und kalorienreich, und sie erfordern bei konventioneller Zubereitung eine lange Garzeit.

Der Schnellkochtopf ist für Eintopfgerichte also wie geschaffen, da er die langen Garzeiten reduziert, gleichzeitig durch den Luftabschluß eine noch bessere Durchdringung der Geschmacksstoffe und damit ein noch kräftigeres Aroma liefert.

Grundregeln für Eintöpfe

1. Die verschiedenen Garzeiten der einzelnen Zutaten durch entsprechendes Zerkleinern einander angleichen! Vor allem die Garzeiten verschiedener Fleischsorten in einem Gericht berücksichtigen: Je länger eine Sorte garen muß, desto dünner

müssen die Fleischscheiben oder desto kleiner die Fleischwürfel sein (bei mehreren Sorten bildet die längste Garzeit den Richtwert).
2. Bei sehr verschiedenen Garzeiten kann man den Kochprozeß unterbrechen, wenn eine neue Zutat beigefügt wird.
3. Eintopfgerichte dürfen auch im Schnellkochtopf ruhig ein wenig übergaren. Lassen Sie also, während der Topf abkühlt, getrost einige Minuten nachgaren und erschrecken Sie nicht, wenn Sie die Garzeit aus Versehen einmal überschritten haben.
4. Vorsicht beim Würzen! Alle Gewürze gewinnen im Schnellkochtopf noch an Intensität.

Pot-au-feu
4–6 Personen

750 g Rindfleisch (Brust- oder Schenkelfleisch,
evtl. etwas Querrippe), einige Markknochenstücke, Salz,
1 Zwiebel, mit 3 Nelken gespickt, 1 Lorbeerblatt,
4 Pfefferkörner, 1 Stange Porree, 3 Karotten,
2 Petersilienwurzeln, 1 Stück Sellerie, 300 g Weißkraut,
500 g Kartoffeln, Muskat, 1 Knoblauchzehe, Pfeffer,
Petersilie, Meerrettichsahne, Senf.

Im offenen Schnellkochtopf die Markknochen mit 2 l Wasser (bei kleineren Töpfen 1½ l) und etwas Salz zum Kochen bringen. Sobald das Wasser kocht, Fleisch, gespickte Zwiebeln, Lorbeerblatt und Pfefferkörner einlegen, Topf schließen und alles 20–30 Minuten garen. Inzwischen das Gemüse putzen, Porree in 3 cm lange Stücke, Wurzeln in Stifte oder Scheiben, Kraut in große Stücke, geschälte Kartoffeln und Sellerie in Scheiben oder Würfel schneiden. Nach dem Abkühlen und Öffnen des Topfes (keine Schnellöffnung!) Gemüse und Kartoffeln hineingeben, mit Muskat und der zerdrückten Knoblauchzehe würzen, den Topf wieder schließen und nochmals 10 Minuten garen. Das Gemüse bleibt übrigens besonders schön und läßt sich besser servieren, wenn es im gelochten Einsatz über dem Fleisch gegart wird. Das fertige Gemüse dann mit Salz, frisch gemahlenem

Pfeffer und gehackter Petersilie abschmecken, in einer tiefen Schüssel mit der Brühe anrichten, das in mundgerechte Stücke geteilte Fleisch und das ausgelöste Mark darauf verteilen und mit Toastbrot und evtl. Sahnemeerrettich oder Senf zu Tisch geben (s. Abb. vor S. 65).

Garzeit: 20–30 + 10 Minuten

Gemüsetopf mit Fleisch

500 g Rindfleisch, 3–4 EL Öl oder 40 g Margarine, ½ l Fleischbrühe (evtl. Würfel), 1 kg gemischtes Gemüse (grüne Bohnen, Blumenkohl, Erbsen, Karotten, Rosenkohl oder Kohlrabi), Tomaten, 500 g Kartoffeln, Salz, Pfeffer, Petersilie.

Das Rindfleisch sehr klein in Streifen oder Würfel schneiden und im offenen Schnellkochtopf in Fett anbraten. Mit Brühe auffüllen und das geputzte, gewaschene und kleingeschnittene Gemüse sowie die geschälten, würfelig geschnittenen Kartoffeln dazugeben. Im verschlossenen Topf 10 Minuten garen, dann mit Salz und Pfeffer abschmecken und mit reichlich gehackter Petersilie bestreut servieren (s. Abb. nach S. 64).

Garzeit: 10 Minuten

Borschtsch
4–6 Personen

250 g Rindfleisch, 250 g mageres Schweinefleisch, 250 g Rauchfleisch (geräucherter magerer Bauchspeck), 1 Zwiebel, 1 Lorbeerblatt, 2–3 Pfefferkörner, 250 g Weißkraut, 2 rote Rüben, ½ Sellerieknolle, 2 Karotten, 1 Petersilienwurzel, Salz, Pfeffer, Essig, Zucker, ¼ l saure Sahne.

Rindfleisch, Schweinefleisch und Rauchfleisch mit Zwiebel, Lorbeerblatt und Pfefferkörnern in den Schnellkochtopf (gelochter Einsatz) geben und 1 l Wasser daraufgießen. Bei geschlossenem Topf 15 Minuten garen. Währenddessen das geputzte Weißkraut, eine der geschälten roten Rüben und das geputzte Wurzelwerk in feine Streifen schneiden. Die zweite rote Rübe raffeln, mit Essig und Zucker, evtl. auch etwas Wasser, versetzen und Saft ziehen lassen. Nach dem Öffnen des Topfes den Einsatz mit dem Fleisch herausheben und das Fleisch in kleine Stücke schneiden. Der abgesiebten Brühe das kleingeschnittene Gemüse sowie das Fleisch zusetzen, mit Salz und Pfeffer würzen und noch einmal im Schnellkochtopf 8 Minuten garen. Dann die geraffelte rote Rübe mit Saft dazugeben, um eine kräftig rote Farbe zu erzielen, alles zusammen im offenen Topf noch einmal aufkochen lassen, pikant abschmecken und mit saurer Sahne und Brot servieren.

Garzeit: 15 + 8 Minuten

Chili con carne

50 g Butterschmalz oder Margarine, 100 g Zwiebeln, 2 grüne Paprikaschoten, 500 g Rinderhack oder Rindfleisch in kleinen Würfeln, 500 g Tomaten, 500 g rote Bohnen (oder 2 Normaldosen), 2 EL Chilipulver, 1 Lorbeerblatt, Salz, Tabasco, 1/2 l Rotwein.

Das Fett im offenen Schnellkochtopf erhitzen, die feingehackten Zwiebeln darin anrösten, Fleisch und geputzte, gewürfelte Paprikaschoten dazugeben, alles kurz durchschmoren. Dann die geschälten, geviertelten Tomaten und die roten Bohnen – entweder gut vorgeweichte oder abgetropfte aus der Dose – dazugeben, würzen nach Geschmack, den Wein dazugießen und den Topf schließen. Nach einer Garzeit von 10–15 Minuten den Topf öffnen und das Gericht mit Weißbrot oder Polenta servieren. Man trinkt dazu einen herben Weißwein.

Garzeit: 10–15 Minuten

Balkantopf

*300 g Kalbfleisch, 300 g Schweinefleisch, 2 EL Öl,
4 Zwiebeln, 4 Paprikaschoten (gelb, grün und rot gemischt),
2 Zucchini, 250 g Kartoffeln, 4 Tomaten, 2 Stangen Porree,
Salz, Pfeffer, Basilikum, Thymian, Knoblauchpulver,
1 Glas Weißwein, Tomatenmark.*

Kalb- und Schweinefleisch würfeln und in Öl im offenen Schnellkochtopf anbraten. Geschnittene Zwiebeln hinzufügen und ebenfalls anrösten. Dann das geputzte, gewaschene und in kleine Stücke geschnittene Gemüse darübergeben, würzen, geschälte, gewürfelte Kartoffeln beifügen, 1/2 Tasse Wasser, 1 Glas Wein angießen, Tomatenmark dazutun, den Topf schließen und 10 Minuten garen. Wenn nötig, nachwürzen und mit Weißbrot zu Tisch geben (s. Abb. nach S. 80).

Garzeit: 10 Minuten

Pichelsteiner
4–6 Personen

*200 g Schweinefleisch, 200 g Hammelfleisch,
200 g Kalbfleisch, 200 g Rindfleisch, 100 g Räucherspeck
oder 50 g Fett, 2 Zwiebeln, 1/2 l Fleischbrühe,
250 g Karotten, 250 g Sellerie, 1 Stange Porree,
400 g Kartoffeln, Salz, Pfeffer, Muskat, 1 Lorbeerblatt,
Kräuter.*

Das Fleisch (auch 2 Sorten genügen, falls sonst zu teuer) in dünne Scheiben oder kleine Würfel schneiden. Den feingewürfelten Räucherspeck oder das Fett im offenen Schnellkochtopf erhitzen und Fleisch und gewürfelte Zwiebeln darin anrösten. Mit heißer Brühe aufgießen. Geputztes, zerkleinertes Gemüse sowie geschälte, gewürfelte Kartoffeln einschichten, Gewürze dazugeben. Den Topf schließen und alles 15 Minuten garen. Den fertigen Eintopf nochmals abschmecken und mit viel feingehackten Kräutern (Petersilie, Schnittlauch etc.) bestreut servieren.

Garzeit: 15 Minuten

Szegediner Gulasch

500 g Schweinefleisch, 250 g Zwiebeln,
50 g Schweineschmalz, 500 g Sauerkraut,
2 EL Rosenpaprika, Salz, Kümmel, 1 Knoblauchzehe,
1/8–1/4 l saure Sahne, evtl. 1 TL Mehl.

Das kleinwürfelig geschnittene Fleisch sowie die feingeschnittenen Zwiebeln nach und nach im offenen Schnellkochtopf in dem erhitzten Schmalz anbräunen, mit 1–2 Tassen Wasser aufgießen, das aufgelockerte Sauerkraut darübergeben, darauf Paprika, Salz, Kümmel und die zerdrückte Knoblauchzehe, und den Topf schließen. Nach einer Garzeit von 10 Minuten das Gericht gut durchrühren, mit saurer Sahne abschmecken (dabei evtl. mit Mehl binden) und mit Weißbrot oder Salzkartoffeln servieren.

Garzeit: 10 Minuten

Bretonischer Hammeltopf

750 g Hammelfleisch (Schulter), 40 g Margarine,
2 Knoblauchzehen, 4 Pfefferkörner, 1 Lorbeerblatt,
1 Nelke, 1/2 l Fleischbrühe, 250 g getrocknete weiße
Bohnen, 2 EL Tomatenmark, Salz, 1 Schuß Rotwein.

Das Hammelfleisch in Würfel schneiden und im offenen Schnellkochtopf in Margarine anbraten. Die Gewürze dazugeben und mit Fleischbrühe aufgießen. Die vorgeweichten (siehe Seite 117) weißen Bohnen mit dem Einweichwasser – sie sollen gut davon bedeckt sein – im ungelochten Einsatz darüber ansetzen. Den Topf schließen und 15 Minuten garen. Sobald die Garzeit beendet ist, nimmt man den Einsatz mit den Bohnen sowie das Fleisch aus dem Topf (Fleisch gut heiß halten!), gibt Bohnen sowie Tomatenmark in den verbliebenen Fleischsaft, schmeckt mit Salz und einem Schuß Rotwein ab und läßt noch 5 Minuten im offenen Topf durchschmoren. Man serviert das Fleisch von den Bohnen umgeben, dazu Weißbrot.

Garzeit: 15 Minuten

Irish Stew

*800 g mageres Hammelfleisch, 3 Zwiebeln,
1 Petersilienwurzel, 1 kg Weißkraut (evtl. noch
250–500 g Karotten), 500 g Kartoffeln, 80 g Räucherspeck,
Pfeffer, Salz, Kümmel, ca. 1/2 l Fleischbrühe, Petersilie.*

Das Hammelfleisch in kleine Stücke, die Zwiebeln in feine Würfel, Petersilie in Scheiben, das gewaschene Kraut blättrig und die geschälten Kartoffeln in Würfel schneiden. Den gewürfelten Räucherspeck im offenen Schnellkochtopf ausbraten. Zwiebeln, Fleisch, Gemüse und Kartoffeln abwechselnd einschichten; die Kartoffeln als letzte Schicht. Die einzelnen Schichten mit Salz, Pfeffer und Kümmel würzen. Zuletzt die heiße Fleischbrühe darübergießen und den Topf schließen. Nach einer Garzeit von 15 Minuten den Eintopf evtl. nachwürzen und mit gehackter Petersilie bestreut recht heiß servieren. Dazu schmeckt ein kühles Bier.

Abwandlung: Nach Belieben kann statt mit Kümmel mit Muskat, Curry, Piment, Lorbeerblatt, 2 Nelken, Majoran gewürzt und evtl. mit saurer Sahne abgerundet werden. Wer Hammelfleisch nicht mag, kann statt dessen auch Rindfleisch verwenden. Auch kann man 500 g Karotten beifügen (s. Abb. vor S. 81).

Garzeit: 15 Minuten

Porree(Lauch)-Eintopf

*375–500 g Hammelfleisch, 500 g Porree, 3 EL Öl,
1/2 Tasse Reis, 1 Tasse Wasser oder Fleischbrühe,
1 Knoblauchzehe, Salz, Curry, Thymian, 250 g Tomaten.*

Das Hammelfleisch in Würfel oder Scheibchen, den gesäuberten Porree in fingerlange Stücke schneiden. Fleisch in erhitztem Öl im offenen Schnellkochtopf anbräunen, dann die Porreestücke und den abgeriebenen Reis darin glasig werden lassen. Mit Wasser oder Fleischbrühe aufgießen, zerdrückte Knoblauchzehe und übrige Gewürze sowie enthäutete, in Viertel geschnittene

Tomaten hinzufügen und alles im geschlossenen Schnellkochtopf 10 Minuten garen. Recht heiß zu Tisch geben.

Garzeit: 10 Minuten

Hammelfleisch mit grünen Bohnen

500 g Hammelfleisch (Brust, Hals oder Schulter),
1 Zwiebel, Salz (oder 1 Brühwürfel), 750 g grüne Bohnen,
Bohnenkraut, 250 g Kartoffeln, Pfeffer, Petersilie.

Das Hammelfleisch – es darf fett sein – in große Würfel schneiden und mit der in Scheiben geschnittenen Zwiebel und $1/2$ l gesalzenem oder mit dem zerdrückten Brühwürfel versetzten Wasser in den Schnellkochtopf geben. Topf schließen und 5 Minuten garen. Dann die gewaschenen, abgefädelten und in kurze Stücke gebrochenen Bohnen, Bohnenkraut und die geschälten, gewaschenen und in dünne Scheiben geschnittenen Kartoffeln dazugeben. Topf wieder schließen und noch einmal 5–8 Minuten garen. Das fertige Gericht mit Pfeffer und Salz abschmecken und mit gehackter Petersilie bestreut schnell servieren.

Garzeit: 5 + 8 Minuten

Bohnen und Birnen mit Speck

500 g durchwachsener Speck, 2 EL Fett, 1 Zwiebel,
750 g grüne Bohnen, 1 Sträußchen Bohnenkraut, Salz,
Pfeffer, Essig, Zucker, 4 weiche Birnen, 1 EL Mehl,
Petersilie.

Den in Scheiben geschnittenen Speck im offenen Schnellkochtopf in Fett schön braun anbraten. Die feingeschnittene Zwiebel dazugeben und anrösten. Darauf kommen die gewaschenen, abgezogenen und kleingeschnittenen grünen Bohnen sowie das Bohnenkraut. Mit $1/4$–$1/2$ l Wasser oder Brühe auffüllen, den Topf schließen und 10 Minuten garen. Nach dem Öffnen des Topfes den Speck herausfischen, das Gemüse mit Salz, Pfeffer,

Essig und Zucker pikant abschmecken, die geschälten, in je 4 Teile geschnittenen Birnen darin im offenen Topf garziehen lassen und die Bohnen mit in Wasser angerührtem Mehl binden. Zum Schluß den Speck darauf legen und das Gericht, mit Petersilie bestreut, zu Salzkartoffeln servieren.

Garzeit: 10 Minuten

Wirsingtopf

100 g Speck, 300 g Hackfleisch, 2 Zwiebeln, 1 kg Wirsing, 500 g Kartoffeln, ½ l Fleischbrühe, Salz, Pfeffer, 1 TL Kümmel.

Den gewürfelten Speck im offenen Schnellkochtopf anbraten, Hackfleisch und feingehackte Zwiebeln darin anrösten. Den gesäuberten, feinnudelig geschnittenen Wirsing und die geschälten, in Scheiben geschnittenen Kartoffeln dazugeben, mit heißer Fleischbrühe auffüllen, die Gewürze beifügen, umrühren und den Topf schließen. Nach etwa 7 Minuten Garzeit kann der Topf wieder geöffnet und der Eintopf serviert werden.

Garzeit: 7 Minuten

Leipziger Allerlei mit Fleischklößchen

3 Karotten, ½ Kopf Blumenkohl, 1 Tasse Erbsen, 1 Paar rohe Bratwürste, 1 TL gehackte Petersilie, 1 Ei, 1 gestrichener TL Streuwürze.

Die gewürfelten Karotten und den zerteilten Blumenkohl sowie die Erbsen in ungelochten Einsatz geben.
Bratwurstfleisch mit Petersilie und Ei verrühren, Klöße formen und aufs Gemüse setzen, mit Streuwürze überstreuen. Schnellkochtopf auf Heizfläche (größte Heizstufe) stellen, ¼ l Wasser einfüllen und den Einsatz einsetzen. Topf schließen, Ventil erst einschrauben, wenn einige Zeit Dampf ausgeströmt ist. 10 Minuten garen lassen (s. Abb. nach S. 112). Dazu Salzkartoffeln.

Garzeit: 10 Minuten

Paella

*1 Brathuhn, ¼ Tasse Olivenöl, 2 Zwiebeln,
2 Knoblauchzehen, Salz, Pfeffer, 1 rote Paprikaschote,
1 Selleriestange, 1 Packung (450 g) TK-Erbsen,
4 Tassen Fleischbrühe, 2 Tassen Langkornreis,
1 gestr. TL Safran, evtl. 200 g Fischfilet, 1 Packung (200 g)
TK-Muscheln, 1 Packung (200 g) TK-Krabben,
¼ l Weißwein, 1 Zitrone.*

Das in Stücke zerlegte Huhn im offenen Schnellkochtopf in Öl anbraten. Die gewürfelten Zwiebeln, die zerdrückten Knoblauchzehen, Salz und Pfeffer nach Geschmack dazugeben. Als nächste Schicht die geputzte, kleingeschnittene Paprikaschote und Selleriestange und die unaufgetauten Erbsen darüberhäufen. Die heiße Fleischbrühe mit Safran mischen und zusammen mit dem gewaschenen Reis darübergeben. Den Topf schließen und alles 10 Minuten garen. Dann den Topf öffnen, das in Würfel geschnittene Fischfilet, die ausgelösten Muscheln und Krabben als letzte Schicht daraufgeben und den Wein darübergießen. Den Topf wieder schließen und noch einmal 5 Minuten garen. Direkt im Topf oder – vorsichtig umgefüllt – in einer Schüssel, mit Zitronenschnitzen garniert, zu Tisch geben. Zu diesem spanischen Nationalgericht trinkt man einen roten Landwein.

Garzeit: 10 + 5 Minuten

Vitaminreiches Gemüse

Gerade für die Zubereitung von Gemüse ist der Schnellkochtopf ideal, denn die wertvollen, nur in kleinsten Mengen im Gemüse enthaltenen Vitamine, Mineralsalze und Spurenelemente werden beim Kochen unter Dampfdruck weitgehend geschont. Während Gemüse beim Kochen nach herkömmlicher Art meist ausgelaugt wird und kräftiger Würzmittel bedarf, kommt das Eigenaroma der Gemüsearten beim schonenden Dämpfen unter Luftabschluß besonders gut zur Geltung. Das Kochwasser braucht nicht mehr weggeschüttet zu werden, denn die Flüssigkeitsmenge ist beim Garen im Schnellkochtopf oder der Schnellbratpfanne ganz knapp bemessen. Schwerverdauliche Gemüsearten werden durch die bessere Durchgarung im Schnellkochtopf bekömmlicher. Allerdings wird lange gelagertes Gemüse, das bereits einen großen Teil seiner Vitamine eingebüßt hat, durch das Garen im Schnellkochtopf auch nicht mehr besser. Vielmehr sollte man für die Zubereitung im Schnellkochtopf nur wirklich frisches Gemüse wählen und empfindliche Sorten (z. B. Spargel, Pilze) möglichst noch am Einkaufstag verbrauchen. Während bei herkömmlicher Zubereitung manche Gemüsesorten Garzeiten bis zu 1 Stunde haben, gibt es im Schnellkochtopf kaum Garzeiten von mehr als 10 Minuten!

Grundregeln für Gemüse
1. Gemüse vor dem Zubereiten gründlich putzen und waschen. Mit Ausnahme von Blumenkohl Gemüse nicht längere Zeit in Wasser liegen lassen, denn dadurch gehen wertvolle Mineralsalze verloren.
2. Gemüse kann man im Schnellkochtopf kochen, dämpfen, dünsten und schmoren. Kochen ist nur für wenige Arten unter Umständen empfehlenswert (z. B. Spargel, Artischocken).

3. Die beste Zubereitungsart ist das Dämpfen im gelochten oder ungelochten Einsatz über $1/4$–$1/2$ l Wasser oder einer dampfenden Speise. Der ungelochte Einsatz ist zumeist vorzuziehen, da die wertvollen Bestandteile hier am wenigsten ausgelaugt werden. Es genügt, das Gemüse mit wenig Fett und Flüssigkeit oder nur waschfeucht zu garen.
4. Dünsten kann man Gemüse auf dem Boden des Schnellkochtopfs oder in der Schnellbratpfanne, wo es auch mit kleinsten Fett- und Flüssigkeitsmengen geschmort werden kann. Man dünstet es in Fett an, gießt mit Flüssigkeit auf und schließt den Topf oder die Pfanne. Abgekühlt wird durch Überspülen mit kaltem Wasser.
5. Die Garzeit gilt für Gemüse vom Erscheinen des 2. Ringes an. Die Garzeiten schwanken je nach Alter und Sorte; auch der persönliche Geschmack spielt eine Rolle. Bei manchen Sorten wirkt sich evtl. auch der Kalkgehalt des Wassers aus. Deshalb weisen unsere Garzeiten oft größere Spannen auf. Durch Probieren werden Sie die Ihnen genehmste herausfinden.
6. Zarte Gemüse nicht übergaren! Bei Zusammenstellungen von Gemüse mit verschiedener Garzeit durch entsprechendes Zerkleinern des Gemüses mit längerer Garzeit einen Ausgleich schaffen. Empfindliches Blattgemüse, das leicht zusammenfällt, nacheinander in den Topf geben (z. B. Spinat).
7. Bei stark riechenden Kohlgemüsen mindestens 1 Minute lang kräftig Dampf ausströmen lassen. Die scharfen Gerüche ziehen dann ab, statt sich auf dem Gemüse festzusetzen. Etwas mehr Wasser in den Topf geben!
8. Tiefgekühltes Gemüse unaufgetaut in den Schnellkochtopf mit $1/8$–$1/4$ l heißem Wasser geben. Sobald sich der Block gelöst hat, den Topf schließen und das Gemüse bei kleiner Flamme (nur der 1. Ring sollte sichtbar sein) garen. Man kann das Tiefkühlgemüse aber auch in den ungelochten Einsatz über $1/8$–$1/4$ l kochendes Wasser geben und dämpfen. Die Garzeit ist um $1/3$ kürzer als bei frischem Gemüse (die Ankochzeit allerdings länger!).
9. Das Gemüsewasser nicht weggießen, sondern möglichst für Suppen oder Soßen verwenden. Gemüse nach dem Garen schnell servieren, um Vitamine, Aroma und Farbe zu schonen!

Artischocken gekocht

4–8 Artischocken, je nach Größe, Saft von 1 Zitrone, Salz, 1 EL Butter.

Die Artischocken unter fließendem Wasser waschen. Den Stiel bis zum Blütenansatz und die untersten harten Blätter abschneiden, ebenso die dornigen Blattspitzen oben flach abschneiden. Alle Schnittflächen sofort mit Zitronensaft einreiben oder beträufeln oder die Artischocken bis zum Zubereiten in Zitronenwasser legen. Nun im Schnellkochtopf $3/8$ l Wasser erhitzen, Salz, den restlichen Zitronensaft und die Butter zusetzen und die vorbereiteten Artischocken in das kochende Wasser geben. Den Topf schließen und – je nach Größe und Beschaffenheit – 5–10 Minuten garen. Den Topf kalt überspülen und öffnen. Die Artischocken sind gar, wenn sich die Blätter leicht herauszupfen lassen. Nach dem Garen kann – wenn dies nicht bereits vorher geschehen ist – das faserige »Heu«, das ungenießbar ist, aus der Mitte entfernt werden. Die Artischocken abtropfen lassen und auf runder Platte anrichten. Man serviert die Artischocken warm oder kalt mit Mayonnaise oder beliebigen Soßen (Hollandaise, Vinaigrette, Maltaise, Tomaten- oder Champignonsoße usw.) als Vorspeise oder Party-Schmaus. Die »klassische« Art, sie zu genießen, ist dann richtig: Man zupft die Blätter einzeln aus und taucht sie in die Mayonnaise oder Soße und lutscht sie aus. Der Boden – das Beste an der Artischocke – wird mit einer kleinen Gabel zerteilt und ebenfalls mit Soße verspeist.

Man kann die gekochten Artischocken aber auch mit Fleischresten, Pilzen, Spargelköpfen, jungen Erbsen, einem pikanten Salat usw. füllen.

Garzeit: 5–10 Minuten

Auberginen-Schnellgericht

2 große Auberginen, Salz, Saft von 1/2 Zitrone, 40 g Fett, 100 g gekochter Schinken, 1 Glas Weißwein, 1 Ei, 3 EL Dosenmilch, Pfeffer, Muskat.

Die Auberginen schälen, in ca. 1/2 cm dicke Scheiben schneiden, mit reichlich Salz bestreut und mit Zitronensaft beträufelt 30 Minuten ziehen lassen. Dann herausnehmen und abtrocknen. In der Schnellbratpfanne das Fett erhitzen, die Auberginenscheiben zusammen mit dem würfelig geschnittenen Schinken anschmoren, den Wein darübergießen, Pfanne schließen, Ventil sofort einsetzen und 3–4 Minuten garen. Inzwischen aus Ei, Dosenmilch, Pfeffer, Muskat und Salz nach Geschmack eine Eiermilch herstellen. Sobald die Pfanne geöffnet ist, diese Mischung über die Auberginen mit Schinken gießen, Pfanne nochmals auf den Herd stellen, stocken lassen. Mit frischem Toast servieren.

Garzeit: 3–4 Minuten

Blumenkohl (Karfiol) gedämpft

Man legt den Blumenkohl – um etwaiges Ungeziefer zu vernichten – 1/4 bis 1/2 Stunde mit dem Strunk nach oben in kaltes Essigwasser. Dann unter fließendem Wasser waschen. Vor dem Garen schneidet man den Strunk knapp ab, schneidet ihn kreuzweise ein, um die Garung zu beschleunigen. Entweder den ganzen Kopf oder die einzelnen Röschen mit dem Strunk nach unten in den gelochten Einsatz geben und über 1/4 l Wasser oder einer dampfbildenden Speise im Schnellkochtopf garen. Die Garzeit beträgt bei einem ganzen Kopf 6–8 Minuten, bei Röschen höchstens 1 Minute. Den Topf unter fließendem kalten Wasser abkühlen.

Der gedämpfte Blumenkohl kann auf die verschiedenste Art serviert bzw. verarbeitet werden. Zunächst wird er leicht gesalzen. Dann überstreut man ihn entweder mit geröstetem Paniermehl oder mit geriebenem Käse, übergießt mit brauner Butter und überbäckt evtl. im Backofen oder unter dem Grill.

Einzelne Blumenkohlröschen kann man mit Holländischer oder Champignon-Soße reichen oder sie – halb weichgedämpft – in Ausbackteig tauchen und frittieren.

Garzeit: 1–8 Minuten

Grüne Bohnen (Fisolen) gedämpft oder gedünstet

Gedämpft: 750 g grüne Bohnen, 1 Stengel Bohnenkraut, 30 g Butter oder Margarine, ½ Zwiebel, Salz, Petersilie, evtl. nochmals 30 g Butter.
Gedünstet: 750 g grüne Bohnen, 1 Zwiebel, 50 g Butterschmalz oder Margarine, gehacktes Bohnenkraut, ¼ l Fleischbrühe, Salz, Petersilie, evtl. Pfeffer.

Die Bohnen waschen, wenn nötig abfädeln und in nicht zu kleine Stücke brechen, die kleinen Prinzeßbohnen im ganzen lassen. Nun entweder mit Bohnenkraut in den gelochten Einsatz geben und im Schnellkochtopf über ⅛ l Wasser dämpfen (3–6 Minuten, je nach Qualität der Bohnen). Salzen, in Butter schwenken und auf heißer Platte servieren. Oder die Bohnen mit Bohnenkraut in den ungelochten Einsatz geben, feingehackte Zwiebel und Butterflöckchen darüber verteilen und ebenfalls unter Druck über ⅛ l Wasser oder einer dampfbildenden Speise gardämpfen. Herausnehmen, salzen, mit gehackter Petersilie bestreuen und nach Belieben nochmals mit Butter verfeinern.
Gedünstete Bohnen werden auf gleiche Weise vorbereitet. Doch läßt man im offenen Schnellkochtopf die feingeschnittene Zwiebel in Fett hellgelb anlaufen, gibt die Bohnen dazu, streut das feingehackte Bohnenkraut darüber, gießt mit Fleischbrühe auf, schließt den Topf und gart ebenfalls 3–6 Minuten, je nach Qualität. Die fertigen Bohnen salzen, mit gehackter Petersilie bestreuen und nach Belieben mit frisch gemahlenem Pfeffer abschmecken.

Garzeit: 3–6 Minuten

Dicke Bohnen mit Speck

750 g Dicke Bohnen (ohne Schoten), 50 g Butterschmalz oder Margarine, ⅜ l Wasser oder Fleischbrühe, Bohnenkraut, ⅛ l Sahne, 20 g Stärkemehl, Salz, Pfeffer, Petersilie, 100–200 g Räucherspeck.

> Dicke oder große Bohnen werden auch
> Acker-, Puff- oder Saubohnen genannt.

Die Bohnen – man muß ca. 1 kg davon einkaufen – enthülsen. Fett im offenen Schnellkochtopf erhitzen und die Bohnen darin andünsten. Wasser oder Fleischbrühe angießen, Bohnenkraut hinzugeben und den Topf schließen. 8 Minuten garen lassen. Dann das Gemüse mit in Sahne verrührtem Stärkemehl binden und mit Salz und frischgemahlenem Pfeffer abschmecken. Mit gehackter Petersilie bestreuen und mit in feine Scheiben geschnittenem, kroß gebratenem Räucherspeck anrichten.

Garzeit: 8 Minuten

Broccoli (Spargelkohl) mit Remouladensoße

750 g Broccoli, 30 g Margarine, 30 g Mehl,
1/2 l Wasser oder Fleischbrühe, 100 g Mayonnaise,
1 TL Senf, 2 hartgekochte Eier, 2 Gewürzgurken,
1 Zwiebel, 1 EL Kapern, 1 EL gehackte Kräuter, Salz,
Pfeffer.

Die Broccoli putzen, in einzelne Stangen zerlegen, gründlich waschen und in den gelochten Einsatz des Schnellkochtopfes geben. Entweder über 1/8 l kochendem Wasser oder einer dampfbildenden Speise 3–4 Minuten im geschlossenen Topf garen. Inzwischen eine helle Schwitze aus Margarine und Mehl bereiten, mit Wasser oder Fleischbrühe unter ständigem Rühren ablöschen, 2–3 Minuten kochen lassen. Dann Mayonnaise, Senf, die feingehackten Eier, Gewürzgurken, Zwiebel und Kapern unter die heiße Soße rühren, ebenso die feingehackten Kräuter, und mit Salz und Pfeffer abschmecken. Nach dem Öffnen des Topfes die Broccoli-Stangen abtropfen lassen und auf heißer Pfanne anrichten. Die Soße darüber verteilen. Kalt zu Roastbeef und Toast servieren.
Auch warm mit brauner Butter und geriebenem Käse.

Garzeit: 3–4 Minuten

Chicorée gedämpft

*750 g Chicorée, Butter zum Ausfetten, Salz, Zitronensaft,
3 EL saure Sahne, 25 g geriebener Käse.
Oder: 750 g Chicorée, Salz, Zitronensaft, heiße Butter.*

Wichtig ist, vor der Zubereitung den Strunk der von schlechten Blättern befreiten Chicorée-Stauden mit einem scharfen Messer keilförmig herauszuschneiden (dort sitzen die gefürchteten Bitterstoffe). Dann die Stauden 10 Minuten in kaltes Wasser legen.

Die so vorbereiteten Chicorée-Stauden in den leicht gefetteten ungelochten Einsatz des Schnellkochtopfes geben. Kleine Stauden ganz lassen, große halbieren. Leicht salzen, mit Zitronensaft beträufeln, saure Sahne und geriebenen Käse darübergeben und das Gemüse über 1/8 l kochendem Wasser oder einer dampfbildenden Speise im geschlossenen Schnellkochtopf 3–4 Minuten garen.

Nach der zweiten Kochmethode gibt man die vorbereiteten Chicorée-Stauden in den gelochten Einsatz und dämpft sie ebenfalls über 1/2 l Wasser oder einer dampfbildenden Speise. Dann serviert man sie, leicht gesalzen, mit Zitronensaft beträufelt und mit frischer heißer Butter übergossen, auf gut vorgewärmter Platte. Man kann die gedämpften Stauden aber auch mit einer Soße versehen, gratinieren, ausbacken oder beliebig weiterbehandeln.

Garzeit: 3–4 Minuten

Junge Erbsen gedämpft oder gedünstet

*Gedämpft: 500–750 g grüne Erbsen, 30 g Butter oder
Margarine, Salz, 1 Pr. Zucker, evtl. Muskat oder Piment,
Petersilie, evtl. 1 hartgekochtes Ei.
Gedünstet: 500–750 g grüne Erbsen, 40 g Butterschmalz
oder Margarine, 1/2 Zwiebel, 1/8 l Fleischbrühe, Salz,
Pfeffer.*

Die Erbsen aus den Schoten lösen, mit ganz wenig Wasser in den ungelochten Einsatz des Schnellkochtopfes über 1/8 l Wasser oder einer dampfbildenden Speise geben, die Butter in Flöckchen darüber verteilen, den Topf schließen und 3–5 Minuten, je nach Qualität, dämpfen. Ohne Butterzusatz können die Erbsen auch im gelochten Einsatz gegart werden. Die Butter wird dann nach dem Garen zugesetzt. Die fertigen Erbsen mit Salz, 1 Prise Zucker, evtl. auch Muskat oder Piment abschmecken und mit feingehackter Petersilie und evtl. dem grobgehackten harten Ei bestreut zu Tisch geben.

Gedünstet werden die Erbsen auf dem Boden des offenen Schnellkochtopfs. Dafür Fett zerlaufen lassen, feingehackte Zwiebel darin hellgelb anrösten, Erbsen und Fleischbrühe dazugeben, Topf schließen und 3–5 Minuten garen. Mit Salz und Pfeffer abschmecken.

Abwandlung: Man kann den Erbsen zum Dünsten 150–250 g geputzte, gewaschene und gewürfelte Karotten oder abgezogene, gewürfelte Tomaten zusetzen. Bei der letztgenannten Zubereitung überstreut man zum Schluß mit geriebenem Parmesankäse (»italienische Art«).

Garzeit: 3–5 Minuten

Römischer Fenchelteller (Finocchi)

4 Fenchelknollen, Butter, Salz, Tomatenketchup, geriebener Parmesankäse.

Die Fenchelknollen waschen, Stiele, Außenteile und Wurzelansatz entfernen, die Knollen halbieren oder vierteln, mit wenig Wasser in den leicht gebutterten ungelochten Einsatz geben und im Schnellkochtopf über $1/8$ l Wasser 4 Minuten garen.
Auf heißer Platte, übergossen mit leicht gesalzener brauner Butter, garniert mit Ketchup und überstreut mit geriebenem Käse, servieren. Man kann die Fenchelknollen mit der gleichen Garnierung auch in der feuerfesten Form überbacken.

Garzeit: 4 Minuten

Grünkohl, norddeutsche Art

1 kg Grünkohl, 100 g Räucherspeck, 40 g Schweine- oder Gänseschmalz, 2 Zwiebeln, Nelken- und Pimentpulver, 1/4 l Fleischbrühe, Salz, Pfeffer, 1 EL Mehl, evtl. Zucker, 4 Bratwürste.

Die Kohlblätter von den dicken Rippen befreien und die gewaschenen Blätter mit kochend heißem Wasser überbrühen. Ausdrücken und durch den Fleischwolf drehen. Den Speck würfelig schneiden und in dem zerlassenen Fett im offenen Schnellkochtopf unter Rühren anrösten. Die würfelig geschnittene Zwiebel darin anlaufen lassen, den Grünkohl dazugeben, mit Fleischbrühe aufgießen und den Topf schließen. Erst wenn einige Zeit kräftig Dampf ausgeströmt ist (und damit ein Teil des bei Grünkohl recht strengen Geschmacks sich verloren hat), das Ventil einsetzen. 10 Minuten garen lassen, dann würzen, mit angerührtem Mehl binden, evtl. mit Zucker abschmecken und mit den Bratwürsten garniert servieren.

Garzeit: 10 Minuten

Kastanien (Maronen) gedämpft oder gedünstet

500 g Kastanien, 1 EL Butter, 1 TL Zucker, Salz, 1/8 l Fleischbrühe.

Die Kastanien schälen, indem man sie an der Spitze kreuzweise einkerbt und im Backofen kurz röstet, bis die Schale springt, oder sie in kochendes Wasser wirft und 15 Minuten darin läßt. Braune Schale und innere helle Haut abziehen. Dann entweder in den gelochten Einsatz des Schnellkochtopfes über 1/4 l Wasser geben, 10–12 Minuten dämpfen und recht heiß – zwischen einer Serviette – servieren.

Oder im offenen Schnellkochtopf die Butter schmelzen, die geschälten Kastanien zugeben, mit Zucker und evtl. Salz überstreuen und hellbraun anrösten. Mit Fleischbrühe aufgießen, den Topf schließen und 6–10 Minuten dünsten.

Beim Menükochen können die Kastanien auch mit etwas Butter,

Salz, Zucker und wenig Brühe im ungelochten Einsatz über $1/4$ l kochendem Wasser oder einer dampfbildenden Speise gegart werden.

Garzeit: 6–12 Minuten

Kohlrabi gedämpft

4–6 Kohlrabi, Salz.

Die Kohlrabi schälen, alle verholzten Stellen entfernen. Die zarten grünen Herzblätter beiseite legen. Die Kohlrabi ganz oder in Scheiben bzw. Streifen in den gelochten Einsatz geben, Topf schließen und 4–5 Minuten über $1/8$ l kochendem Wasser garen. Die fertigen Kohlrabi nach Bedarf salzen.
Weiterverwendung:
Die Kohlrabischeiben zu Salat verwenden oder – mit den feingehackten Herzblättern – in eine mit Zucker, Pfeffer und Muskat abgeschmeckte Béchamel- oder Tomatensoße geben.
Die ganzen Kohlrabi aushöhlen, mit einer Hackfleischfüllung versehen, zu der man auch die gewaschenen, grob gehackten Herzblätter verwendet, und in der Schnellbratpfanne bzw. dem Schnellkochtopf in wenig Fett und Wasser nochmals 5 Minuten unter Druck garen. Oder mit einer Béchamelsoße, unter die man die gehackten Herzblätter mischt, anrichten.

Garzeit: 4–5 Minuten

Mangold s. unter Spinat

Möhren gedämpft oder gedünstet

Gedämpft: 500–750 g Möhren, 40 g Butter, Salz, Zucker, Petersilie.
Gedünstet: 500–750 g Möhren, 50 g Margarine, 1 Zwiebel, $1/8$ l Fleischbrühe, Salz, Pfeffer, evtl. 1 EL Mehl, Petersilie.

Die Möhren gründlich waschen, mit einer Bürste unter fließendem Wasser reinigen, schaben und kleinschneiden in Scheiben,

Würfel oder Stifte. Waschfeucht in den ungelochten Einsatz über ¼ l kochendes Wasser geben, Topf schließen und 6–10 Minuten, je nach Alter und Größe, dämpfen. Die fertigen Möhren mit Butter verfeinern, mit Salz und Zucker abschmecken und mit Petersilie bestreut servieren.

Man kann die *gedämpften Möhren* auf vielerlei Art weiter zubereiten, z. B. pürieren und mit Eigelb abziehen (Babykost). Oder mit Sahne und etwas Mehl andicken (»französische Art«). Oder erkaltet mit einer pikanten Salatsoße anmachen.

Gedünstete Möhren werden ebenso gewaschen, geputzt und zerkleinert wie oben beschrieben. Dann läßt man jedoch im offenen Schnellkochtopf auf dem Topfboden die Margarine schmelzen, die feingehackte Zwiebel darin anlaufen, gibt die Möhren dazu und gießt mit Fleischbrühe auf. Topf schließen und 6–10 Minuten garen. Die Möhren mit Salz und Pfeffer abschmecken, evtl. durch Bestäuben mit Mehl etwas andicken und zuletzt mit gehackter Petersilie überstreuen.

Garzeit: 6–10 Minuten

Paprikagemüse, Peperonata

750 g Paprikaschoten, 250 g Zwiebeln, 500 g Tomaten, 3 EL Öl, 1 EL Essig oder 1 Schuß Weißwein, Salz, Pfeffer, 1 TL Butter, Petersilie.

Die Paprikaschoten entkernen, gründlich waschen und in kurze Streifen schneiden. Die Zwiebeln schälen und in dünne Ringe schneiden. Die Tomaten nach kurzem Eintauchen in heißes Wasser schälen und vierteln. Öl im offenen Schnellkochtopf oder der Schnellbratpfanne erhitzen, die Zwiebelringe darin hellgelb anrösten, die Paprikastreifen darin andünsten, ½ Tasse Wasser, Essig oder Wein sowie Salz und frisch gemahlenen Pfeffer zugeben, Topf oder Pfanne schließen und 2–3 Minuten unter Druck garen. Dann abkühlen (Schnellöffnung!), die Tomatenviertel hinzufügen, nochmals schließen und weitere 2 Minuten garen. Mit Butter abrunden und mit gehackter Petersilie bestreut als Beilage zu Fisch oder Fleisch servieren.

Garzeit: 2–3 + 2 Minuten

Pilzragout

500 g frische Pilze (Champignons, Steinpilze oder Pfifferlinge), 20 g Butterschmalz oder Margarine, 1 Zwiebel, 1 EL Zitronensaft, ¼ l Wasser, Fleischbrühe oder Weißwein, 4 EL saure Sahne, 1 EL Mehl, Pfeffer, Salz, Paprika edelsüß, Petersilie.

Die Pilze putzen, waschen und evtl. zerkleinern. Auf dem Boden des offenen Schnellkochtopfs oder in der Schnellbratpfanne die feingehackte Zwiebel anrösten, die Pilze darin andünsten, mit Zitronensaft beträufeln und mit der Flüssigkeit ablöschen. Topf oder Pfanne schließen und 6–8 Minuten garen. Durch kaltes Überbrausen abkühlen und öffnen. Die Pilzsoße mit in saurer Sahne verrührtem Mehl andicken, mit frisch gemahlenem Pfeffer, Salz und etwas Paprika abschmecken und mit gehackter Petersilie bestreut zu Reis oder Semmelknödeln servieren.

Garzeit: 6–8 Minuten

Porree (Lauch) gedämpft oder gedünstet

Gedämpft: 1 kg Porree, 50 g Butter, Salz, evtl. Reibkäse und Paniermehl.
Gedünstet: 1 kg Porree, 40 g Margarine, ¼ l Fleischbrühe, Salz, Pfeffer, Saft von ¼ Zitrone, Petersilie.

Den Porree von Wurzeln und Blättern befreien, waschen und in beliebig lange Stücke schneiden. Zum Dämpfen auf den Boden des Schnellkochtopfs ¼ l Wasser und darüber in den ungelochten Einsatz die feuchten Porreestücke geben. Butterflöckchen (ca. 20 g) darüber verteilen, den Topf schließen, kräftig Dampf entweichen lassen (Geruch!), das Ventil einsetzen und 4–5 Minuten garen. Den Porree dann nach Belieben leicht salzen. Er kann mit in Butter gebräuntem Paniermehl oder mit Reibkäse bestreut auf heißer Platte serviert werden. Oder man legt ihn in eine gefettete feuerfeste Form, gibt Butterflöckchen und Reibkäse darauf und überbäckt im Backofen oder unter dem Grill.

Eine weitere Möglichkeit besteht darin, die gedämpften Porreestangen in dünne Scheiben gekochten Schinkens zu wickeln und in einer Auflaufform, mit zerlassener Butter und saurer Sahne oder einer Béchamelsoße übergossen und mit Salz, Pfeffer und Muskat bestreut, noch 15 Minuten zu dünsten.

Für gedünsteten Porree das Fett im offenen Schnellkochtopf erhitzen, den Lauch darin andünsten, mit Fleischbrühe aufgießen, kräftig Dampf ausströmen lassen, das Ventil einsetzen und den Topf schließen. Nach einer Garzeit von 2–5 Minuten das Gemüse mit Salz, Pfeffer, Zitronensaft abschmecken und mit gehackter Petersilie bestreut zu Tisch geben.

Garzeit: 2–5 Minuten

Rosenkohl gedämpft oder gedünstet

Gedämpft: 500–750 g Rosenkohl, 50 g Butter, Salz, Muskat.
Gedünstet: 500–750 g Rosenkohl, 50 g Butterschmalz oder Margarine, 1 Zwiebel, 1/8 l Wasser oder Fleischbrühe, Muskat, Pfeffer, Salz, evtl. 250 g Kastanien.

Zum Dämpfen die geputzten, gewaschenen Röschen ohne irgendeine Zugabe im ungelochten Einsatz des Schnellkochtopfs über 1/4 l Wasser 2–5 Minuten, je nach Beschaffenheit und gewünschter Weichheit, garen. Der Dampf sollte vor Einsetzen des Ventils ca. 1 Minute kräftig ausströmen. Dann die Butter darunterziehen und mit Salz und Muskat abschmecken.

Gedämpfter Rosenkohl kann auch zu Aufläufen, Gemüsepudding etc. weiterverarbeitet werden. Gut schmeckt er mit Käsesoße.

Zum Dünsten das Fett im offenen Schnellkochtopf erhitzen, die feingehackte Zwiebel darin anrösten, die geputzten, gewaschenen Röschen beigeben, mit Wasser oder Fleischbrühe aufgießen, den Topf schließen, Dampf etwa 1 Minute lang kräftig ausströmen lassen, Ventil einsetzen und 2–5 Minuten garen. Mit Muskat, frisch gemahlenem Pfeffer und Salz würzen. Evtl. mit gedämpften Kastanien vermischt servieren.

Falls die Kastanien gleich mitgedünstet werden sollen, die geschälten Früchte (s. S. 105) zunächst in Fett und Zwiebel anrösten, aufgießen und 7 Minuten garen. Dann den Rosenkohl hinzufügen und weitere 2–5 Minuten unter Druck dünsten. Abschmecken und zu Wild- oder Geflügelgerichten servieren.

Garzeit: 2–5 Minuten

Rotkohl s. a. unter Weißkohl

Sauerkraut
Grundrezept

500 g Sauerkraut, 1 Apfel, 1–2 EL Butterschmalz oder Schweineschmalz, 1 Zwiebel, einige Wacholderbeeren, ¼ l Wasser oder Fleischbrühe, evtl. 1 Lorbeerblatt, Kümmel, gebratene Räucherspeckwürfel oder geröstete Zwiebelringe.

Das Sauerkraut mit der Gabel etwas auflockern, den Apfel schälen und würfeln. Im offenen Schnellkochtopf das Fett zerlaufen lassen, Zwiebelwürfel darin anrösten, Sauerkraut, Apfelwürfel und Wacholderbeeren hinzufügen, evtl. auch Lorbeerblatt und Kümmel nach Geschmack, mit Wasser oder Fleischbrühe aufgießen und den Topf schließen. Nach einer Garzeit von 8–10 Minuten, je nach Härte des Krauts, den Topf öffnen. Das Kraut, wenn nötig, mit Salz abschmecken und, wenn gewünscht, mit gebratenen Speckwürfeln oder gerösteten Zwiebelringen anrichten.
Abwandlungen: Für »Elsässer Sauerkraut« wird zum Aufgießen halb Fleischbrühe, halb Weißwein genommen, jedoch kein Kümmel verwendet. Gebratene Würste darauf anrichten. »Ungarisches Paprikakraut« erhält man, wenn man dem Grundrezept 2 feingeschnittene Paprikaschoten zufügt und mit scharfem Rosenpaprika würzt.

Garzeit: 8–10 Minuten

Schwarzwurzeln gedämpft

750 g Schwarzwurzeln, Essig oder Zitronensaft, Salz, Pfeffer, Muskat, Butter.

Vor der Zubereitung die Schwarzwurzeln von den grünen Köpfen befreien, mit einer Bürste kräftig waschen und dann schaben. Sofort in mit Essig oder Zitronensaft gesäuertes Wasser legen, damit sie schön weiß bleiben. Erst nach ca. 30 Minuten in etwa 4 cm lange Stücke schneiden, dicke Wurzeln halbieren. Dann die Schwarzwurzeln in den gelochten oder ungelochten Einsatz des Schnellkochtopfes geben, auf dem Topfboden 1/4 l Wasser mit Essig- oder Zitronensaftzusatz zum Kochen bringen, Topf schließen und 8–10 Minuten garen. Man kann die gedämpften Schwarzwurzeln mit Salz, Pfeffer und Muskat würzen und mit brauner Butter (oder geröstetem Paniermehl) auf heißer Platte servieren.

Oder man reicht sie in einer hellen Soße, wickelt sie in Schinkenscheiben oder richtet sie erkaltet mit einer Marinade als Salat an.

Garzeit: 8–10 Minuten

Sellerie in Weißwein

750 g Knollensellerie, 1 Zwiebel, 2 EL Öl, 100 g Räucherspeck, evtl. 1 Apfel, 1/2 Tasse Fleischbrühe, 1 Glas Weißwein, Salz, Pfeffer.

Die Sellerieknollen bürsten, schälen und in Stäbchen oder Würfel schneiden. Im offenen Schnellkochtopf würfelig geschnittenen Räucherspeck und feingehackte Zwiebel in Öl anrösten, Sellerie sowie den geschälten, gewürfelten Apfel zugeben, mit Brühe und Weißwein aufgießen und unter Druck 5–6 Minuten garen. Das fertige Gemüse mit Salz und Pfeffer abschmecken.

Garzeit: 5–6 Minuten

Spargel
Grundrezept

1 kg Spargel, 1 EL Butter, Salz, Zucker.

Die Spargelstangen von oben nach unten schälen, dabei darauf achten, daß die holzigen Teile ganz entfernt werden. Den Spargel dann unter fließendem Wasser kurz waschen, ebenso die Schalen und Enden, die mitgegart werden können.

Nun entweder auf den Boden des Schnellkochtopfs 1 l Wasser geben, Butter, wenig Salz und Zucker hinzufügen, die Spargelenden und -schalen zugeben und, sobald das Wasser kocht, auch die gebündelten Spargelstangen einlegen. Topf schließen und 5–10 Minuten, je nach Stärke der Stangen, kochen. Nach kaltem Überspülen öffnen und den Spargel abtropfen lassen. Das Kochwasser zu Suppe oder Soße weiterverwenden.

Oder die Spargelstangen mit Butter, Salz, Zucker und ganz wenig Wasser im ungelochten Einsatz des Schnellkochtopfs über ¼ l kochendem Wasser, in dem Spargelenden und -schalen angesetzt werden, dämpfen. Der Spargel kann natürlich auch ohne weiteren Zusatz im gelochten Einsatz gegart werden. Oder man legt ihn, wie oben gewürzt, in gebutterte Alufolie leicht eingeschlagen, zum Garen in den Einsatz.

Garzeit: 5–10 Minuten

Weiterverwendung
Es gibt so viele Spargelrezepte, daß man ein ganzes Buch damit füllen könnte. Die klassische Art, Spargel zu genießen, ist ohne Zweifel die, ihn mit schaumig gerührter oder heißer Butter und zartem Schinken zu verzehren. Auch lockeres Rührei paßt dazu. Besonders gerne reicht man ihn mit einer Schaumsoße (Sauce Béarnaise oder Hollandaise), mit Mayonnaise oder einer Sauce Vinaigrette. Er kann aber auch als Salat angemacht, in

Abb. rechts: Leipziger Allerlei mit Fleischklößchen (Vergl. Rezept S. 95)

Tropfteig gehüllt ausgebacken oder als Omelett, etc. zubereitet werden.

Spinat (Blattspinat)

750 g junger Spinat, Salz, Muskat oder Piment,
50 g Butter, evtl. süße oder saure Sahne, geriebener Käse,
gehackter Schinken.

Den verlesenen, gewaschenen Spinat (ganze Blätter) in den ungelochten Einsatz des Schnellkochtopfes füllen und über 1/8 l Wasser einsetzen. Topf schließen, Dampf kräftig ausströmen lassen, Ventil einsetzen und ganz kurz (höchstens 1 Minute) unter Druck dämpfen. Den fertigen Spinat herausheben (nicht hacken), mit Salz und Gewürzen abschmecken und mit heißer Butter übergossen servieren. Man kann nach Wunsch auch süße oder saure Sahne darübergeben, Reibkäse oder feingehackten Schinken darüberstreuen.

Abwandlung: Auf »französische Art« wird der fertiggegarte Blattspinat sehr grob gehackt und in eine Soße aus schaumig gerührter Butter mit zerdrücktem Eigelb und Sahne, pikant abgeschmeckt mit Salz, Pfeffer, Zitronensaft und Zucker, eingerührt.

Garzeit: höchstens 1 Minute

Schmortomaten

4 Tomaten, 30 g Butter oder Margarine, 1 Knoblauchzehe,
wenn gewünscht, 2 EL Paniermehl, Pfeffer, Salz.

Die Tomaten nur waschen und halbieren, nicht schälen. Fett in der Schnellbratpfanne oder auf dem Boden des Schnellkochtopfs

Abb. links: Spanisches Hähnchen
(Vergl. Rezept S. 78)

erhitzen, die Tomaten mit der Schnittfläche darauflegen und anbraten. Wenden, nun die Schnittflächen mit feingehackter Petersilie, zerdrücktem Knoblauch, Paniermehl, Pfeffer und Salz bestreuen, die Pfanne schließen und unter Druck (nur der 1. Ring darf sichtbar sein!) 2–3 Minuten garen. Die Tomaten ziehen soviel Saft, daß eine Flüssigkeitszugabe unnötig ist. Etwas geriebener Käse, über die Schmortomaten gestreut, ergibt einen italienischen Akzent. Man reicht die Tomaten als pikante Beilage zu kurz gebratenem Fleisch.

Garzeit: 2–3 Minuten

Weißkraut, bayerische Art

1 kg Weißkraut, 40 g Schweineschmalz, evtl. 50 g Speck, 1 Zwiebel, 1 Apfel, 1 EL Zucker, 1/8 l Fleischbrühe (Würfel), Pfeffer, Kümmel, Salz, Essig, evtl. 1 Schuß Weißwein und 1 rohe Kartoffel.

Das Kraut putzen, waschen, fein schneiden oder hobeln. Fett im offenen Schnellkochtopf erhitzen, die Zwiebel und evtl. Speck in Würfeln darin anrösten, geraspelten Apfel mit Zucker ebenfalls darin anbräunen. Das Weißkraut dazugeben, mit Fleischbrühe aufgießen, mit Pfeffer und Kümmel würzen und den Topf schließen. Nach einer Garzeit von 5–8 Minuten das fertiggegarte Kraut mit Salz, Essig und evtl. Weißwein abschmecken und, wenn gewünscht, mit einer geriebenen rohen Kartoffel andicken.

Garzeit: 5–8 Minuten

Rotkohl, dänische Art

1 kg Rotkohl, 3 EL Essig, 3 EL Schweineschmalz oder Butterschmalz, 1 Zwiebel, 2 Äpfel, 1 Glas Rotwein, Pfeffer, gemahlene Nelken, Zucker, Salz, 3 EL Johannisbeergelee.

Den Rotkohl vom Strunk befreien und fein schneiden oder hobeln. Sofort mit etwas Essig vermischen, um die rote Farbe zu erhalten. Im offenen Schnellkochtopf das Fett zerlassen, die feingeschnittene Zwiebel darin andünsten, das Kraut, die geschälten, feingeschnittenen Äpfel, Rotwein, Gewürze und Zucker zugeben, mit 1/8 l Wasser aufgießen und den Topf schließen. Den Dampf kurze Zeit kräftig ausströmen lassen, dann Ventil einsetzen. 4–10 Minuten, je nachdem, ob härter oder weicher gewünscht, garen. Kurz vor dem Servieren mit Salz abschmekken und das Johannisbeergelee unterrühren. Paßt besonders gut zu Wildgerichten.

Abwandlung: Auf »norddeutsche Art« wird der Rotkohl wie oben, jedoch ohne Äpfel, Rotwein und Johannisbeergelee zubereitet. Statt dessen fügt man vor dem Garen vorgeweichte kernlose Backpflaumen (250 g) hinzu und garniert den fertigen Rotkohl mit gedünsteten Apfelringen. Paßt ausgezeichnet zu Schweine- oder Gänsebraten und Rouladen.

Garzeit: 4–10 Minuten

Kohlrouladen (Krautwickel)

1 Kopf Weiß- oder Rotkohl, 300 g gemischtes Hackfleisch, 1 Ei, 1/2 Zwiebel, Pfeffer, Salz, Petersilie, Paniermehl, 50 g Butterschmalz, 1/2 l Fleischbrühe, 1 EL Tomatenmark, 1 Pr. Zucker, 1 Schuß Weiß- bzw. Rotwein, 3–4 EL saure Sahne, 1 EL Mehl.

Von dem gesäuberten Kohlkopf die 8 schönsten äußeren Blätter ablösen, in den gelochten Einsatz des Schnellkochtopfs schichten und über 1/8 l kochendem Wasser ca. 2 Minuten unter Druck dämpfen. Inzwischen aus Hackfleisch, Ei, gehackter Zwiebel, Gewürzen, feingehackter Petersilie und etwas Paniermehl einen geschmeidigen Fleischteig bereiten. Sobald der Topf abgekühlt ist, die Blätter herausnehmen, die Rippen flachschneiden, je 2 Blätter ineinandergelegt, so daß sich die Ränder überschneiden, mit 1/4 der Füllung versehen, zusammenrollen und mit Faden oder Klammer befestigen. Diese Rouladen auf dem Boden des offenen Schnellkochtopfes in Butterschmalz von allen Seiten braun anbraten, mit Fleischbrühe aufgießen, Tomatenmark, 1 Pr. Zucker und Wein (bei Rotkohl Rotwein!) hinzufügen, Topf schließen und 10 Minuten garen. Soße mit in saurer Sahne verrührtem Mehl andicken, über die Rouladen geben. Dazu passen Salzkartoffeln, über den Kohlrouladen gegart.

Garzeit: 2 + 10 Minuten

Zucchini (Courgetten) in Sahnesoße

500–750 g Zucchini, 40 g Margarine, 40 g Mehl,
³/₈ l Fleischbrühe, ¹/₈ l Sahne oder Dosenmilch, Salz,
Pfeffer, Zitronensaft, 1 Eigelb, Dill oder Petersilie.

Die Zucchini schälen, halbieren, von den Kernen befreien und in mundgerechte Stücke schneiden. In den gelochten oder ungelochten Einsatz des Schnellkochtopfs geben und über ¹/₈ l kochendem Wasser 3–4 Minuten garen. Inzwischen aus Fett und Mehl eine helle Schwitze bereiten, mit Fleischbrühe aufgießen und unter Rühren sämig kochen. Sahne einrühren, mit Salz, Pfeffer und Zitronensaft abschmecken, mit Eigelb legieren (nicht mehr kochen!). Feingehackte Kräuter in die Soße geben und die Zucchini-Stücke darin kurz ziehen lassen.
Abwandlung: Die wie oben beschrieben gedämpften Zucchini können auch mit einer aparten Soße als Salat angemacht werden.

Garzeit: 3–4 Minuten

Hausmannskost aus Hülsenfrüchten

Hülsenfrüchte sind gesund, weil reich an Eiweiß, Nährstoffen, Vitaminen und Spurenelementen, schmecken gut und – sind billig! Doch auch ihre Nachteile sollen hier nicht verschwiegen werden: Sie sind schwer verdaulich und kalorienreich. Früher zählten sie außerdem zu den Lebensmitteln mit besonders langer Garzeit. Heute sind Hülsenfrüchte-Gerichte dank des Schnellkochtopfs problemlos geworden. Statt 1–2 Stunden gart man sie im Schnellkochtopf in 8–45 Minuten. Sie werden durch das Kochen im Schnellkochtopf leichter verdaulich, weil sie besser durchgegart sind.

Grundregeln für Hülsenfrüchte
1. Vorweichen der Hülsenfrüchte ist zwar nicht Bedingung, doch empfehlenswert, denn es verkürzt die Garzeit um etwa ein Drittel. Das Einweichwasser nicht wegschütten, sondern zum Garen verwenden. Früher weichte man Hülsenfrüchte über Nacht ein. Die modernere Methode sieht so aus: Eine Tasse Hülsenfrüchte mit zwei Tassen Wasser zwei Minuten aufkochen, dann eine Stunde lang im gleichen Wasser weichen lassen. Danach das Ganze 2–3mal aufkochen und umrühren, bevor man den Schnellkochtopf schließt.
2. Hülsenfrüchte immer kalt und ohne Salz ansetzen, da Salz die Garung verzögert. Auch Essig bewirkt, daß die Hülsenfrüchte länger hart bleiben, deshalb erst zuletzt beigeben. Verzögert wird das Garen auch durch die Zugabe von salzigem Fleisch, z. B. Rauchfleisch. Man sollte es erst zugeben, wenn die Hülsenfrüchte bereits halb weich sind.
3. Man kocht Hülsenfrüchte im offenen Topf an und schäumt gut ab. Den Topf sollte man nur zu ²/₃, besser nur zur Hälfte

füllen, da Hülsenfrüchte stark quellen. Aus dem gleichen Grund keine Schnellöffnung anwenden! Bei großer Flamme ankochen und auf kleiner Stufe fertiggaren.
4. Beim Menükochen gibt man die Hülsenfrüchte in den ungelochten Einsatz und so viel Wasser darüber, daß sie gut bedeckt sind. Den Einsatz wegen des Quellens höchstens zur Hälfte füllen!
5. Die Garzeit richtet sich also danach, ob die Hülsenfrüchte vorgeweicht wurden oder nicht. Eine Rolle spielt auch die Beschaffenheit der Hülsenfrüchte. Ganze ungeschälte Erbsen brauchen viermal so lange zum Garwerden wie geschälte halbe Erbsen. Unsere Rezepte beziehen sich bei der Angabe der Garzeiten auf vorgeweichte Hülsenfrüchte. Die Garzeiten sind Richtwerte. Weitere Rezepte s. a. »Suppen«.

Erbsenbrei

300 g halbe trockene Erbsen, 1 Zwiebel, Salz, Pfeffer, Muskat, evtl. Essig, Schwitze aus 1 EL Fett und 2 EL Mehl, 40 g Speck, geröstete Zwiebelringe.

Die Erbsen verlesen, waschen unnd vorweichen (Grundregeln). Mit 1¼ l Wasser (Einweichwasser) in den Schnellkochtopf geben, dazu die würfelig geschnittene Zwiebel. Im offenen Topf aufkochen, abschäumen, den Topf schließen und sofort das Ventil einsetzen. Beim Menükochen die Erbsen in den ungelochten Einsatz geben und gut mit Wasser bedecken. Nach einer Garzeit von ca. 10–15 Minuten, je nach Art der Erbsen und des gewünschten Weichheitsgrads, den abgekühlten Schnellkochtopf öffnen, die Erbsen durch ein Sieb drücken, mit Salz, den übrigen Gewürzen und evtl. Essig abschmecken. Wenn gewünscht, eine helle Schwitze, mit etwas Wasser sämig gekocht, daran geben und kurz aufkochen. Den Erbsenbrei evtl. mit feingewürfeltem, ausgebratenem Speck und gerösteten Zwiebelringen servieren. Falls Rauchfleisch mitgegart wird, verdoppelt sich die Garzeit. Werden ungeschälte ganze Erbsen verwendet, liegt die Garzeit bei 30 bis 45 Minuten, je nachdem, ob vorgeweicht wurde oder nicht.

Garzeit: 10–15 Minuten

Linsen-Curry

*300 g Linsen, 1 Zwiebel, 4 EL Öl, 1 kleine Sellerieknolle,
1 EL Curry, 1 Glas Rotwein, 4–6 EL Sahne oder
Dosenmilch, Salz, Zitronensaft, Zucker,
evtl. 1 Knoblauchzehe.*

Die gewaschenen, vorgeweichten Linsen (Grundregeln) mit 1 bis 2 l Einweichwasser im Schnellkochtopf 10 Minuten garen. Inzwischen die würfelig geschnittene Zwiebel in Öl goldgelb anrösten, die geschälte, in kleine Würfel geschnittene Sellerie dazugeben, Curry darüberstäuben, Rotwein angießen und alles ca. 15 Minuten durchschmoren. Die abgetropften Linsen sowie Sahne oder Dosenmilch darunterrühren, mit Salz, Zitronensaft, Zucker und nach Wunsch mit der ausgepreßten Knoblauchzehe abschmecken. Gebratene Leber und Reis oder auch Schweinefleisch und Kartoffeln passen gut dazu.

Garzeit: 10 Minuten

Weiße Bohnen

Garen wie Erbsenbrei oder -gemüse (siehe Rezept!), jedoch längere Garzeit (Gemüse 18 bis 20, Brei 30–35 Minuten). Mit Salz, Pfeffer und geriebener Zitronenschale abschmecken.
Bohnen auf französische Art mit 1 Zwiebel, etwas Speck und 1 Lorbeerblatt sowie ½ l Rotwein (dem Kochwasser zusetzen) garen. Mit Salz, Pfeffer und Sahne abschmecken.

Garzeit: 18–35 Minuten

Kartoffel-Allerlei

Unter Dampfdruck im Schnellkochtopf gegart, sind Kartoffeln besonders gesund, denn die zahlreichen Vitamine und 10 Mineralsalze sowie das hochwertige Eiweiß werden bei dieser Zubereitung weitgehend geschont. Im Schnellkochtopf geraten bei richtiger Handhabung nicht nur Pellkartoffeln und Salzkartoffeln hervorragend, sondern auch viele andere Kartoffelgerichte. Einige davon werden Sie noch kennenlernen. Zunächst aber einige Tips.

1. Neue Kartoffeln immer in der Schale garen, um die dicht unter der Schale sitzenden Nähr- und Vitalstoffe zu schonen. Nach dem Kochen die Schale abziehen!
2. Auch Salzkartoffeln möglichst dünn schälen. Geschälte Kartoffeln nie längere Zeit im Wasser (vor allem Salzwasser) liegen lassen! Die Nährsalze werden sonst ausgelaugt und mit dem Wasser weggeschüttet, während das Kochsalz in die Kartoffeln wandert.
3. Pro Person rechnet man 200–250 g Kartoffeln als Beilage, 400 g Kartoffeln als Hauptgericht.

Grundregeln für Kartoffeln

1. Pellkartoffeln möglichst für sich allein garen, also nicht als Menü. Annähernd gleich große Kartoffeln wählen, damit die Garung etwa gleichzeitig beendet ist. Sollen die Pellkartoffeln aufspringen, den Topf durch Überspülen mit kaltem Wasser rasch abkühlen, evtl. abdampfen.
2. Salzkartoffeln in möglichst gleichgroße Stücke teilen (Scheiben oder Viertel). Sollen sie beim Menükochen gleichzeitig mit anderen Speisen zubereitet werden (im gelochten oder unge-

lochten Einsatz), so genügt zum Garen der Dampf der Bodenflüssigkeit (Suppe, Fleischsaft, Gemüse usw.). Besonders weiß und trocken bleiben sie, wenn man abdampft und erst nachträglich salzt, da sich durch Salz zusätzliche Feuchtigkeit bildet. Auch Kartoffeln, die ganz ohne Kochsalz zubereitet wurden, schmecken dank der geschonten Mineralsalze würzig. Statt mit Salz kann man sie z. B. mit Kümmel oder feingehackten Kräutern bestreuen.

3. Die Garzeit für Pell- und Salzkartoffeln beginnt mit dem Sichtbarwerden des 2. Ringes am Druckanzeiger. Die Garzeiten schwanken zwischen 6 und 12 Minuten. Längere Garzeiten haben z. B. ganz junge und ganz alte Kartoffeln. Sollen auch die alten Kartoffeln hell bleiben, muß man etwas Essig oder Zitronensaft ins Kochwasser geben.
4. Gebratene rohe Kartoffeln: In der Schnellbratpfanne kann man mit kleinsten Fettmengen und wenig Wasser rohe Kartoffeln in Scheiben unter Dampfdruck braten oder dünsten. Hier beginnt die Garzeit (8–10 Minuten) schon beim Sichtbarwerden des 1. Ringes.

Pellkartoffeln, Schalenkartoffeln, Gschwellte

1 kg Kartoffeln, evtl. Kümmel.

Die gut gewaschenen, möglichst gleich großen Kartoffeln in den gelochten Einsatz oder das Einsatzkörbchen des Schnellkochtopfs geben, bei manchen Töpfen auf das gelochte Bodenblech. Auf den Topfboden so viel Wasser füllen, daß der Boden des Einsatzes gerade noch davon erreicht wird ($1/4$–$1/2$ l). Nach Belieben Kümmel über die Kartoffel streuen und den Topf schließen. Mit größtmöglicher Hitze ankochen. Wenn aus der Ventilöffnung Dampf austritt, das Ventil einsetzen, und sobald am Druckanzeiger der 2. Ring sichtbar wird, die Hitzezufuhr drosseln. Nach einer Garzeit von 8–12 Minuten, je nach Größe und Alter der Kartoffeln, den Topf beiseite setzen, mit kräftigem Wasserstrahl kalt überspülen und öffnen. Will man aufgesprungene Kartoffeln, Schnellöffnung anwenden, sonst langsam absitzen lassen. Pellkartoffeln werden ungeschält zu Tisch gegeben oder ganz knapp geschält und in Butter geschwenkt oder zu Kartoffelbrei, Bratkartoffeln, Rösti, Kartoffelsalat, Kartoffelknödeln etc. weiterverarbeitet.

Garzeit: 8–12 Minuten

Salzkartoffeln

1 kg Kartoffeln, evtl. Kräuter oder Kümmel, Salz.

Die Kartoffeln schälen, waschen und in gleichmäßige Stücke teilen. In den gelochten oder ungelochten Einsatz oder das Einsatzkörbchen schichten. Falls erwünscht, nun mit Kräutern (Petersilie, Majoran oder Basilikum) oder Kümmel bestreuen, aber möglichst nicht salzen.
Auf den Boden des Schnellkochtopfes ¼ l Wasser geben, die Kartoffeln einsetzen und den Topf schließen. Mit größtmöglicher Hitze ankochen. Wenn kräftig Dampf aus der Ventilöffnung tritt, das Ventil einschrauben, die Hitzezufuhr drosseln, sobald der 2. Ring am Druckanzeiger erscheint. 6–8 Minuten, je nach Alter und Sorte, garen. Dann den Topf kalt überspülen. Sollen die Kartoffeln trocken bleiben, Schnellöffnung anwenden, sonst absitzen lassen. Nach dem Öffnen des Topfes die Kartoffeln nach Wunsch salzen. Sie schmecken aber auch ungesalzen recht würzig.

Garzeit: 6–8 Minuten

Bouillonkartoffeln

1 kg Kartoffeln, 50 g Butterschmalz oder Margarine,
1 Zwiebel, ½–¾ l Fleischbrühe, Salz, Muskat,
evtl. 1 Msp. Basilikum, Petersilie.

Die Kartoffeln schälen, waschen und in Viertel schneiden. Das Fett im offenen Schnellkochtopf erhitzen, die feingehackte Zwiebel darin hellgelb anrösten, mit Fleischbrühe, die mit Salz und Muskat kräftig abgeschmeckt wurde, aufgießen, die Kartoffelstücke hineingeben und evtl. Basilikum darüberstäuben.

Den Topf schließen und 6–8 Minuten garen. Die fertigen Kartoffeln mit reichlich gehackter Petersilie bestreut als Beilage servieren.

Garzeit: 6–8 Minuten

Sahnekartoffeln

1 kg Kartoffeln, 50 g Butterschmalz oder Margarine, 1/4 l Sahne oder Dosenmilch, Pfeffer, Salz, Kerbel oder Petersilie.

Die Kartoffeln schälen und waschen, in Viertel schneiden und im gelochten Einsatz des Schnellkochtopfes 8 Minuten dämpfen. Dann den Schnellkochtopf leeren, das Fett auf dem Boden des offenen Topfes schmelzen lassen, die gedämpften Kartoffeln hineingeben. Leicht pfeffern und salzen, die Sahne darübergießen und den Topf wieder schließen. Noch einmal 2 Minuten garen lassen. Die fertigen Kartoffeln mit feingehacktem Kerbel oder Petersilie bestreuen und als Beilage servieren.

Garzeit: 8–10 Minuten

Himmel und Erde

500 g Kartoffeln, 500 g Äpfel, 50 g Räucherspeck, 1–2 Zwiebeln, 3/8 l Wasser oder Fleischbrühe, Pfeffer, Salz, Muskat, evtl. 1 Pr. Zucker, Petersilie.

Kartoffeln schälen und waschen, Äpfel ebenfalls schälen, beides in kleine Würfel schneiden. Den würfelig geschnittenen Speck auf dem Boden des offenen Schnellkochtopfes ausbraten, die feingehackte Zwiebel darin anrösten, Kartoffeln und Äpfel einfüllen, Wasser oder Brühe und die Gewürze zugeben, den Topf schließen und alles 6–7 Minuten garen. Das fertige Gericht nicht verrühren, sondern vorsichtig in eine Schüssel geben und mit feingehackter Petersilie bestreut servieren. Dazu reicht man traditionsgemäß gebratene Blutwurst.

Garzeit: 6–7 Minuten

Käsekartoffeln

750 g–1 kg Kartoffeln, 30 g Butterschmalz oder Margarine,
1 Zwiebel, 40 g Räucherspeck, 75 g geriebener
Emmentaler Käse, Salz, Pfeffer, Muskat, 1/8 l Fleischbrühe.

Die Kartoffeln schälen, waschen und in Scheiben schneiden. Fett im offenen Schnellkochtopf oder der Schnellbratpfanne erhitzen, würfelig geschnittene Zwiebel und Räucherspeck kurz darin anrösten. Die Hälfte des angerösteten Specks und der Zwiebel herausnehmen. Nun schichtweise Kartoffeln, Reibkäse, Kartoffeln, Speck und Zwiebel, wieder Kartoffeln und zuletzt Reibkäse darauf geben, jede Schicht Kartoffeln mit Salz, Pfeffer und Muskat würzen. Die Fleischbrühe darübergießen und Topf oder Pfanne schließen. 12 Minuten garen, dann mit grünem Salat oder Tomatensalat zu Tisch geben.

Garzeit: 12 Minuten

Gefüllte Kartoffeln

1 kg große Kartoffeln, 50 g Butterschmalz oder Margarine,
1 Zwiebel, 250 g Hackfleisch, 1 TL Mehl, Pfeffer, Salz,
Majoran, 1/8 l Fleischbrühe, 1 EL Weißwein, Petersilie.

Schöne, große Kartoffeln schälen, waschen, das obere Viertel abschneiden und die Kartoffeln aushöhlen. Fett im Schnellkochtopf oder der Schnellbratpfanne erhitzen, die feingehackte Zwiebel darin anlaufen lassen, das Hackfleisch darin anschmoren, Mehl einrühren und mit Gewürzen abschmecken. Die Kartoffeln mit dieser Masse füllen, auf den Boden des Topfes bzw. der Pfanne in den Bratenfond setzen, anbraten, mit Fleischbrühe und Weißwein aufgießen und den Topf bzw. die Pfanne schließen. Nach 15 Minuten Garzeit die Kartoffeln vorsichtig herausnehmen, mit feingehackter Petersilie bestreut, zu Gemüse oder Salat servieren.

Garzeit: 12–15 Minuten

Reis, Mais und Teigwaren

Völlig problemlos kann Reis im Schnellkochtopf zubereitet werden, wenn man die wenigen Kniffe kennt, die zu seinem Gelingen beitragen. Eigentlich sind es nur zwei Grundrezepte, die man kennen muß. Man kann Reis als Beilage einfach mit Wasser und Salz körnig kochen oder wie die Italiener als Risotto mit Fett, Zwiebel und Fleischbrühe zubereiten, ähnlich dem aus der Türkei stammenden Pilaw. Dazu kommt als drittes noch der süße, mit Milch gekochte Reisbrei, der vorwiegend in Süddeutschland daheim ist.

Auch Maisgerichte sowie Teigwaren verschiedenster Art können im Schnellkochtopf zubereitet werden.

Grundregeln für Reis, Mais, Teigwaren

1. Für körnigen Wasserreis wählt man am besten Langkornreis, für Risotto oder Pilaw (auch Brühreis genannt) entweder Langkornreis oder Rundkornreis.
2. Mit der Flüssigkeitsbeigabe kann man erreichen, daß der Reis entweder fest und körnig wird (Verhältnis 1 : 1) oder typisch italienisch, nämlich etwas sämig (1 : 2). Das Verhältnis 1 : 1½ liefert einen sehr schönen, nicht zu trockenen, aber auch nicht pappigen Reis. Risottos werden meist im Verhältnis 1 : 2 zubereitet. Milchreis wird im Verhältnis 1 : 3 angesetzt.
3. Pro Person rechnet man folgende Reismengen: als Suppeneinlage 30 g, als Dessert (Milchreis) 50 g, als Beilage oder für Salate 60 g, als Hauptgericht (süß oder salzig) 100 g. 1 Tasse Reis entspricht etwa 175 g.

4. Die Garzeiten für Wasserreis und Risotto im Schnellkochtopf liegen zwischen 6 und 10 Minuten, durchschnittlich kann man 8 Minuten ansetzen (bei konventioneller Zubereitung 20–30 Minuten). Sie beziehen sich auf nicht vorgegarten Reis. Den sogenannten Minutenreis im Schnellkochtopf zu garen, lohnt sich bei der ohnehin sehr kurzen Garzeit nicht. Unpolierter Reis benötigt übrigens eine etwas längere Garzeit als normaler, geschälter und polierter Reis, sowie eine größere Flüssigkeitsmenge (mindestens 1 : 1½).

5. Wasserreis wird im ungelochten Topfeinsatz am schönsten, Risotto wird auf dem Topfboden zubereitet. Da Reis durch das Schälen außer Vitaminen auch seinen Mineralsalzgehalt einbüßt, müssen Kochsalz oder Gewürze beigefügt werden. Vor dem Schließen des Topfes umrühren!

6. Die Garzeit beginnt mit dem Erscheinen des 2. Ringes, der während des Kochens nur schwach sichtbar bleiben sollte. Nach Beendigung der Garzeit den Topf durch Überspülen mit kaltem Wasser rasch abkühlen, damit der Kochprozeß sich nicht weiter fortsetzt.

7. Maisgrieß für Polenta läßt man in das im Topf kochende Salzwasser unter Rühren einlaufen. Vorteil des Schnellkochtopfes: Der Maisbrei kann nicht herausspritzen.

8. Maiskolben werden nach dem sorgfältigen Entfernen der Blätter und Samenfäden im gelochten Einsatz des Schnellkochtopfes über ⅛–¼ l kochendem Wasser gedämpft.

9. Teigwaren – man rechnet pro Person ca. 100 g – stets in reichlich kochendes Wasser in den offenen Schnellkochtopf geben (für 500 g mindestens 2–2½ l Wasser). Sollen sie im ungelochten Einsatz über ¼ l kochendem Wasser oder einer dampfbildenden Speise zubereitet werden, müssen sie auch dort gut mit gesalzenem Wasser bedeckt sein.

10. Nach dem Einlegen der Teigwaren umrühren und den Topf schließen. Die Garzeit beginnt mit dem (schwachen!) Sichtbarwerden des 2. Ringes.

11. Die Garzeiten für Teigwaren im Schnellkochtopf sind sehr verschieden. Sie schwanken zwischen 0 und 6 Minuten. Garzeit 0 bedeutet, daß man den Topf sofort nach Erscheinen des 2. Ringes am Druckanzeiger vom Herd nimmt und abkühlt. Als Durchschnittswert, z. B. für Hörnchen, kann

eine Garzeit von etwa 3 Minuten angenommen werden. Ist auf der Verpackung eine Garzeit angegeben, so kommt man im Schnellkochtopf im allgemeinen mit 1/3 dieser Zeit aus.
12. Nach Beendigung des Kochvorgangs den Topf kalt überspülen, aber nicht abdampfen! Vor allem dann sehr genau auf die Einhaltung der Garzeit achten, wenn die Teigwaren noch einen »Biß« haben sollen. Die Teigwaren gut abtropfen lassen.

Wasserreis, Riz créole

250 g (ca. 1¹/₂ Tassen) Langkornreis, 1¹/₂–2 Tassen Wasser, Salz, evtl. Gewürze, Butter.

Auf den Boden des Schnellkochtopfes 1–2 Tassen (ca. 1/4 l) Wasser geben, darüber in den ungelochten Einsatz den gewaschenen Reis mit der gleichen bis 1¹/₂fachen Menge Wasser. Leicht salzen, evtl. Gewürze nach Geschmack und Butterflöckchen beifügen. Durch Umrühren diese Zutaten gleichmäßig verteilen. Den Topf schließen und 8 Minuten garen. Nach dem Öffnen des Topfes den Reis mit der Gabel etwas auflockern. Evtl. noch Butter oder andere Geschmackszutaten daruntermischen und recht heiß servieren.

Abwandlungen:
Dieses Grundrezept läßt sich beliebig variieren. Würzen kann man Wasserreis z. B. außer mit Salz mit Muskat, Curry oder einer kleinen, geschälten und mit 2 Nelken sowie 1 Lorbeerblatt gespickten Zwiebel, die man mitgart. Eine schöne Gelbfärbung erreicht man durch Safran, eine dekorative Rotfärbung durch Tomatenmark.
Beim Servieren garniert man den Reis mit gehackter frischer Petersilie, darübergestäubtem Rosenpaprika, Ketchup oder kleinen Tomatenwürfeln.

Butterreis erzielt man, indem man entweder nach dem Garen Butterflöckchen unterrührt oder den fertig gekochten Reis in einer Pfanne mit heißer (nicht brauner!) Butter oder Margarine schwenkt. Der Reis wird dabei besonders locker und wohlschmeckend.

Rosinenreis paßt gut zu Hammel oder Geflügel. Man schwenkt gekochten Reis in heißer Butter oder Margarine, würzt dabei mit Pfeffer und Curry und mischt gewaschene, gequollene Rosinen darunter.

Zitronenreis serviert man zu exotischen Fleisch- oder Fischgerichten. In Butter schwenken und mit getrockneter Zitronenschale (als Gewürz erhältlich) und etwas Zitronensaft würzen.

Ananasreis erhält man, wenn man unter Butterreis Ananasstückchen aus der Dose mischt.

Pilzreis schmeckt besonders würzig. Unter Butterreis werden hierbei reichlich gedünstete Pilze gemengt.

Kräuterreis besteht aus Wasserreis mit viel feingehackten frischen Kräutern (Petersilie, Dill, Schnittlauch, etc.), die in Butter gedämpft werden.

Paprikareis ist eine besondere Delikatesse. Man gibt zur Butter in die Schwenkpfanne 1 El Räucherspeckwürfel sowie feingeschnittene Streifen einer Paprikaschote, läßt 5 Minuten schmoren, gibt 1 El Rosenpaprika sowie den gekochten Reis dazu und mengt alles gut durcheinander.

Auch eingelegter Paprika, Senffrüchte, Muscheln, Oliven eignen sich als Geschmackszutat für pikante Reis-Beilagen.

Garzeit: 8 Minuten

Risotto, Pilaw/Brühreis

250 g (ca. 1¹/₂ Tassen) Reis, ¹/₂ Zwiebel, 50 g Fett (Butter, Butterschmalz, Margarine oder Öl), Salz, 2–3 Tassen Fleischbrühe.

Den Reis nicht waschen, sondern mit einem trockenen Tuch abreiben. Die Zwiebel fein schneiden, auf dem Boden des offenen Schnellkochtopfes in dem erhitzten Fett hellgelb andünsten.

Den Reis hinzufügen und so lange bei mäßiger Wärme anrösten, bis er glasig ist. Nun die mit Salz kräftig abgeschmeckte Brühe aufgießen, gut umrühren und den Topf schließen. 8 Minuten garen. Nach dem Öffnen des Topfes den Reis mit der Gabel gut auflockern, damit er ausdampft. Beliebige Geschmackszutaten unterrühren und den Risotto als Hauptgericht mit Salat oder als Beilage servieren.

Abwandlungen:
Geriebener Käse (Parmesan-, Schweizer- oder Holländerkäse), unter das fertige Gericht gezogen, ist wohl die beliebteste Abrundung des Risottos.

Hühner- oder Fischbrühe, statt Fleischbrühe zum Aufgießen genommen, gibt dem Risotto ebenfalls ein spezifisches Aroma, entsprechend dem Gericht, zu dem es serviert werden soll.

Räucherspeck, feingehackt und ausgebraten statt Öl oder Butter zur Zubereitung verwendet, gibt eine deftige Note.

Paprikaschoten oder Peperoni, in feine Streifen geschnitten, können bereits zum Garen beigegeben werden.

Pilze werden, frisch oder getrocknet, ebenfalls mitgegart. Sie geben dem Risotto besondere Würze.

Bratenreste, Geflügelfleisch, Leberstückchen, Schinkenwürfel, Krabben etc., unter den fertigen Risotto gemischt, bieten immer neue Variationsmöglichkeiten.

Garzeit: 8 Minuten

Risi-Pisi

250 g (ca. 1½ Tassen) Reis, 1 Zwiebel, 4–5 EL Öl,
400–500 g junge grüne Erbsen (frische, tiefgekühlte oder
aus der Dose), Salz, 3 Tassen Fleischbrühe, 1 TL Thymian,
50 g geriebener Parmesankäse.

Den Reis mit einem trockenen Tuch abreiben. Die feingeschnittene Zwiebel auf dem Boden des offenen Schnellkochtopfes in Öl hellgelb werden lassen, den Reis darin glasig dünsten, mit kräftig gesalzener Fleischbrühe aufgießen, die Erbsen daraufgeben und den Thymian darüberstreuen. Den Topf schließen und 8 Minuten garen. Nach dem Öffnen des Topfes Reis und Erbsen vorsichtig mischen (die Erbsen sollen möglichst ganz bleiben) und gleichzeitig den geriebenen Käse unterziehen.

Garzeit: 8 Minuten

Polenta/Maisbrei

250 g (ca. 1¹/₂ Tassen) Maisgrieß, 1 EL Fett (Schweinefett oder Butterschmalz), 3 Tassen Fleischbrühe, Salz, evtl. Pfeffer.
Zum Garnieren: geriebener Käse, Paniermehl, Butter, Zwiebelringe, Speckwürfel

Fett und Fleischbrühe im offenen Schnellkochtopf erhitzen und den Maisgrieß unter Rühren einlaufen lassen. Salzen und pfeffern, den Topf schließen und 5–6 Minuten garen. Den fertigen Maisbrei auf vorgewärmter Platte servieren, reichlich überstreut mit geriebenem Käse oder in Butter geröstetem Paniermehl.

Garzeit: 5–6 Minuten

Maiskolben

4–8 Maiskolben, Wasser, Salz, Pfeffer, Butter.

Blätter und Samenfäden der Kolben sorgfältig entfernen, die Kolben waschen und im gelochten Einsatz in den Schnellkochtopf geben. Mindestens 1 Tasse (¹/₈–¹/₄ l) Wasser auf den Topfboden gießen. Die Kolben leicht salzen. Den Topf schließen und 10 Minuten kochen. Die garen Maiskolben mit frischgemahlenem Pfeffer bestreut und mit flüssiger Butter begossen auf gut heißer Platte servieren.

Garzeit: 10 Minuten

Teigwaren
Grundrezept

400 g Teigwaren, 2½ l Wasser, Salz, Reibkäse und Butter nach Geschmack.

Die Teigwaren in das im offenen Schnellkochtopf zum Kochen gebrachte Salzwasser einstreuen, umrühren, Topf schließen und 0–4 Minuten garen (bei Garzeit 0 den Ring am Druckanzeiger nur eben kommen lassen). Oder eine kleinere Menge Teigwaren, gut mit Salzwasser bedeckt, in den ungelochten Einsatz über ca. ¼ l Wasser, das zum Kochen gebracht wird, geben. Ebenfalls umrühren, Topf schließen und 4–6 Minuten garen. Dann den Topf in jedem Fall schnell abkühlen und öffnen. Die Teigwaren abtropfen lassen. Mit Reibkäse bestreut und mit Butter begossen auf heißer Platte servieren, dazu evtl. Tomatensoße und grünen Salat. Oder als Beilage zu Fleischgerichten reichen.

Garzeit: 0–6 Minuten

Pasta asciutta »alla bolognese«

5 EL Olivenöl, 200 g gehacktes Rindfleisch, 1 mittelgroße Zwiebel, 1 Möhre, etwas Petersilienwurzel und Sellerieknolle, 1 Tube Tomatenmark, Salz, 1 Lorbeerblatt, Oregano.

Im offenen Schnellkochtopf Olivenöl erhitzen, das Hackfleisch darin anrösten, Zwiebel und geputztes Wurzelwerk feingehackt einige Minuten mitdämpfen, Tomatenmark, ¾ l heißes Wasser, Salz und Gewürze hinzufügen, den Topf schließen und 5–6 Minuten garen. Die fertige Soße über gekochte Spaghetti (s. voriges Rezept) geben und diese reichlich mit geriebenem Parmesankäse überstreuen.

Garzeit: 5–6 Minuten

Süße Puddings im Wasserbad

Die Kochzeit der Puddings im Wasserbad von 1–2 Stunden wird auf eine Garzeit unter Dampfdruck von durchschnittlich 15 Minuten reduziert! Die Zubereitung ist jetzt schnell, unkompliziert und wirtschaftlich.

Hier die Grundregeln für Puddings

1. Puddings lassen sich in den üblichen verschließbaren Puddingformen aus Metall, in Formen aus feuerfestem Glas oder Porzellan sowie in den ungelochten Einsätzen der Schnellkochtöpfe herstellen. Nicht kochfeste Kunststofformen sind dafür nicht geeignet. Die Puddingformen werden entweder in den gelochten Einsatz (mit Füßen) bzw. den Draht-Einsatzkorb oder auf ein mehrfach gefaltetes Tuch auf den Topfboden gestellt. Glasformen sollten niemals direkt auf den Topfboden gegeben werden.
2. Die Puddingform oder der – mit Alufolie ausgekleidete – Einsatz wird mit Butter oder Margarine ausgefettet und je nach Rezept mit Paniermehl, geriebenen Nüssen, Schokoladenstreusel usw. ausgestreut, um ein leichteres Stürzen zu ermöglichen. Bei Puddingformen mit Deckel wird dessen Unterseite leicht eingefettet. Pudding im Einsatz wird wegen des Kondenswassers mit unterseitig gefetteter Alufolie bedeckt und evtl. mit einem passenden Teller beschwert.
Die Formen nur zu ²/₃ bis ³/₄ füllen, da die Masse sich meist noch ausdehnt. So viel kaltes Wasser in den Schnellkochtopf geben, daß der Boden von Form oder Einsatz 1–2 cm hoch von Wasser umspült ist. Den Schnellkochtopf nach dem Einsetzen der Form schließen und das Wasser zum Kochen brin-

gen. Ab Ventilanzeige auf kleiner Flamme kochen, damit das Wasser nur simmert. Ist die Hitze nämlich unnötig groß, verwandelt sich das Wasser zu schnell in Dampf und verbraucht sich, ehe die Garzeit um ist. Der Fond des Puddings ist dann auch schneller gekocht als der obere Teil. Die Garzeit beginnt, wenn der 1. Ring schwach sichtbar ist.

4. Nach Ablauf der Garzeit den Topf bei Zimmertemperatur abkühlen lassen, nicht abdampfen! Werden warm gereichte Puddings nicht sofort serviert, kann man sie bei geöffnetem Ventil im Topf noch 10–15 Minuten warm halten. Die aus dem Topf genommene, noch verschlossene Puddingform wegen des Druckausgleichs einige Minuten stehen lassen und erst dann vorsichtig öffnen. Je nach Rezept den Pudding warm oder erkaltet stürzen.

5. Diese Grundregeln gelten für die Zubereitung aller folgenden Puddings und Pasteten, so daß die Kochmethode in den Rezepten nicht mehr ausführlich geschildert wird.

Gestürzte Vanille-Creme

1/2 l Milch, 1 Pr. Salz, 1 Vanillestange, 100 g Zucker,
3 Eier, Butter zum Ausfetten.

Die Milch mit Salz und Vanillestange zum Kochen bringen. Vom Herd nehmen, nach und nach unter fortwährendem Schlagen den Zucker und die ganzen Eier dazugeben. Die Masse in eine gebutterte Puddingform füllen. Wasser in den Schnellkochtopf gießen, die geschlossene Form hineinstellen, den Topf schließen und das Ganze 7 Minuten garen. Sobald er drucklos ist, den Topf öffnen. Die Form erkalten lassen, öffnen, die Creme stürzen und kalt zu Tisch geben. Evtl. garnieren mit Früchten, Schlagsahne oder Schokoladensoße.

Garzeit: 7 Minuten

Schokoladenpudding

65 g Butter, 65 g Zucker, 1 P. Vanillezucker, 4 Eier,
50 g geriebene Schokolade, 65 g Mehl, 1 EL Stärkemehl,
Butter zum Ausfetten, Schokoladenstreusel.

Die Butter schaumig rühren, Zucker, Vanillezucker und Eigelb beigeben, unter ständigem Rühren die Schokolade hinzufügen, das zu festem Schnee geschlagene Eiweiß unterheben und zuletzt das mit dem Stärkemehl vermischte Mehl unter die Masse geben. In der gebutterten, mit Schokoladenstreusel ausgestreuten Puddingform gut verschlossen im Schnellkochtopf 15 Minuten garen. Nach dem Erkalten die Form stürzen und den Pudding, evtl. mit Sahne oder Vanillesoße, kalt servieren.

Garzeit: 15 Minuten

Nußpudding

100 g Butter oder Margarine, 100 g Zucker,
1 P. Vanillezucker, 3 Eier, 1 Pr. Salz, 50 g Haselnüsse
(oder Mandeln), 150 g Mehl, 50 g Stärkemehl,
2 gestr. TL Backpulver, 3 EL Milch, Butter zum Ausfetten,
gemahlene Nüsse oder Paniermehl.

Das Fett schaumig rühren, nach und nach Zucker, Vanillezucker, Eier, Salz und die gemahlenen Nüsse (Mandeln) dazugeben. Das mit Stärkemehl und Backpulver gemischte, gesiebte Mehl abwechselnd mit der Milch unterrühren. In eine gebutterte, mit gemahlenen Nüssen oder Paniermehl ausgestreute Form füllen, verschließen und im Schnellkochtopf 15 Minuten garen. Nach dem Stürzen mit Weinschaum- oder Schokoladensoße reichen.

Abwandlung: Besonders saftig und aromatisch wird der Nußpudding, wenn man dem Teig 1–2 zerdrückte überreife Bananen zufügt, dazu evtl. 1 El Rum oder Cognac.

Garzeit: 15 Minuten

Quarkpudding

100 g Butter oder Margarine, 125 g Zucker, 2 Eier,
500 g Magerquark, 75 g Grieß, Saft von 1 Zitrone,
1 P. Käsekuchen-Hilfe, Butter zum Ausfetten, Paniermehl.

Das Fett schaumig rühren und nach und nach Zucker, Eigelb, Quark, Grieß und Zitronensaft hinzugeben. Dann die Käsekuchen-Hilfe gut unterrühren. Zum Schluß das zu steifem Schnee geschlagene Eiweiß unter die Quarkmasse ziehen und sie in eine gefettete, mit Paniermehl ausgestreute Puddingform füllen. Gut verschließen und im Schnellkochtopf ca. 15–20 Minuten garen. Den Pudding erkaltet stürzen und mit Kompott oder Fruchtsaft reichen.

Garzeit: 15–20 Minuten

Prinzregentenpudding

125 g trockenes Weißbrot ohne Rinde, 50 g Butter oder Margarine, 1/8 l Milch, 3 Eier, 30 g Zucker, abgeriebene Schale von 1/2 Zitrone, 30 g Rosinen, 30 g Korinthen, 30 g Mandelsplitter, Butter zum Ausfetten, Paniermehl.

Das etwa 2 Tage alte Brot in dünne Scheiben schneiden und diese in einer Pfanne in Fett hellgelb braten. Milch, Eier und Zucker sowie die Zitronenschale kräftig schlagen.
Brot abwechselnd mit gewaschenen Rosinen und Korinthen sowie Mandelsplittern lagenweise in die gebutterte, mit Paniermehl ausgestreute Form geben, mit der Eiermilch übergießen, die Form schließen und den Pudding im Schnellkochtopf 20 Minuten garen. Erkalten lassen, stürzen und mit Fruchtsoße oder Weinschaumsoße zu Tisch geben.

Garzeit: 20 Minuten

Äpfel Timbale

250 g trockenes Weißbrot, 500 g Äpfel, 125 g Butter, 125 g Zucker, 2 EL Rum, Butter zum Ausfetten.

Das Weißbrot in möglichst dünne Scheiben schneiden, die Äpfel schälen und ebenfalls in dünne Scheiben schneiden. Eine hohe Puddingform mit Butter ausfetten. Den Boden schichtweise mit

Weißbrotscheiben bedecken, dann mit Apfelscheiben belegen und mit Zucker bestreuen. Darauf Butterflöckchen geben. Das wiederholt man so lange, bis die Form gefüllt ist. Den Inhalt mit ½ Glas Wasser und dem Rum übergießen, fest zusammendrücken und die Form schließen. In den vorbereiteten Schnellkochtopf geben und erhitzen. Nach 20 Minuten Garzeit stürzen und noch warm servieren. Gesüßte Schlagsahne schmeckt gut dazu.

Garzeit: 20 Minuten

Reispudding
Resteverwertung

50 g Butter, 4 Eier, 1 P. Vanillezucker, 1 Pr. Salz,
1 EL Stärkemehl, 1–2 EL Rosinen, 1 EL Rum,
1 Tasse gekochter gesüßter Milchreis, evtl. gehackte
Mandeln, Butter zum Ausfetten.

Butter und Eigelb schaumig rühren, Vanillezucker, Salz, Stärkemehl, in Rum getränkte Rosinen und den Milchreis hinzufügen und zuletzt den steifen Schnee der Eiweiß und evtl. gehackte Mandeln unterziehen. In gefetteter, gut verschlossener Form im Schnellkochtopf 15 Minuten garen. Gestürzt mit Früchten garniert reichen.

Garzeit: 15 Minuten

Nachspeisen und Kompotte

Im Schnellkochtopf zubereitet, bleibt nicht nur Gemüse aromatischer und gehaltvoller – auch bei frischen Früchten werden durch die Kürze der Garzeit und den Luftausschluß die Vitamine, vor allem das hochempfindliche Vitamin C, sowie Geschmacksstoffe und Farben geschont.

Grundregeln für Kompotte und Nachspeisen

1. Frisches Obst rasch kalt bis lauwarm waschen, nicht im Wasser liegen lassen! Getrocknetes Obst heiß waschen und über Nacht (ca. 10–12 Stunden) vorweichen. Das Einweichwasser dann zum Garen verwenden.
2. Geschälte Früchte, die sich verfärben, sofort mit Zitronensaft beträufeln.
3. Je länger die Garzeit der Früchte, desto mehr Wasser muß zugegeben werden. Stark wasserhaltige Früchte setzt man mit wenig Flüssigkeit an.
4. Man gart die Früchte im ungelochten Einsatz über $1/4$ l kochendem Wasser oder einer dampfbildenden Speise je nach Härtegrad 1–6 Minuten (frisch) oder 8–10 Minuten (getrocknet) vom Erscheinen des 1. Ringes an. Oder man gibt sie mit Wasser oder Wein (mindestens $1/4$ l) auf den Boden des offenen Schnellkochtopfs, schließt den Topf und gart ebenfalls nach Härtegrad. Beeren, Apfelstücke usw. haben eine sehr viel kürzere Garzeit als z. B. Winterbirnen oder Quitten.

5. Bei zarten Früchten genügt meist Garzeit 0, d. h. man läßt den Topf gerade eben auf Druck kommen (1. Ring), nimmt ihn vom Herd und kühlt ab.
6. Dörrobst kann ohne Vorweichen gegart werden. Vorweichen verkürzt jedoch die Garzeit um die Hälfte (wichtig bei lang gelagertem Dörrobst, das eine relativ lange Garzeit hat). Die Garzeiten beginnen hier mit Erscheinen des 2. Ringes am Druckanzeiger
7. Nach Beendigung der Garzeit, vor allem bei zarten Früchten, den Topf durch kaltes Überspülen abschrecken, um Nachgaren zu vermeiden.
8. Allgemein gilt, daß Kompott nur leicht gesüßt und erst nach Beendigung der Garzeit evtl. nachgesüßt wird. Süße Früchte brauchen beim Garen im Schnellkochtopf keinen Zucker.
9. Nicht zuviel Gewürz verwenden, da es beim Garen im Schnellkochtopf geschmacksintensiver wird! Vor dem Anrichten Gewürze entfernen. Mit Alkohol parfümiertes Kompott schmeckt besonders gut.
10. Besonders für die Bereitung von Milchreis ist der Schnellkochtopf empfehlenswert, da Reis im Einsatz nicht anbrennen kann (s. Rezept S. 140).

Kompott aus frischen Früchten

1 kg Obst nach Wunsch (Äpfel, Birnen, Kirschen, Zwetschgen, Aprikosen usw.), 50–100 g Zucker, 1 Stückchen Zimtrinde, 1 Zitronenschalen-Spirale, evtl. 2–3 Nelken, nach Belieben 1 Schuß Alkohol (Wein, Cognac, Gin, Zwetschgenwasser o. ä.).

Die Früchte gut waschen, entkernen, wenn nötig schälen und in beliebige Stücke teilen. Ohne Wasserzusatz in den ungelochten Einsatz des Schnellkochtopfs über 1/4 l Wasser geben, mit etwas Zucker und den Gewürzen bestreuen und den Topf schließen. Zum Kochen bringen, 1–6 Minuten – je nach Härte des Obstes – unter Druck garen. Dann die Gewürze herausnehmen, das

Kompott mit dem restlichen Zucker und nach Wunsch auch mit Alkohol abschmecken und erkaltet servieren.

Garzeit: 1–6 Minuten

Kompott aus Dörrobst

500 g getrocknete Früchte (Dörrobst), Zucker, Zimt und Zitronensaft nach Geschmack, 50 g Mandeln oder Nüsse, evtl. 1 EL Rum oder Cognac.

Die Früchte gründlich heiß waschen und mit Wasser bedeckt im ungelochten Einsatz des Schnellkochtopfs über 1/4 l Wasser bzw. einer dampfbildenden Speise oder auf dem Topfboden mit Wasser bedeckt 8–10 Minuten garen. Falls das Dörrobst vorgeweicht wurde, mit dem Einweichwasser kochen (4–5 Minuten). Mit Zucker, Zimt und Zitronensaft abschmecken, evtl. auch mit Alkohol, und erkaltet mit Nüssen garniert servieren.

Garzeit: 8–10 Minuten

Birnen in Rotwein

8 kleine, nicht zu reife Birnen, 100 g Zucker, 1/8 l Rotwein, 1 Nelke, 1 Stück Vanillestange oder 1/2 P. Vanillezucker, 1 Pr. Zimt, 1/8 l Sahne.

Die Birnen schälen, indem man sie ganz läßt und auch den Stiel nicht entfernt. In den Schnellkochtopf legen (auf den Topfboden, bzw. bei manchen Töpfen auf das gelochte Bodenblech), mit Zucker bestreuen, mit Rotwein begießen, Gewürze hinzufügen und bei geschlossenem Topf unter Druck 3–5 Minuten – je nach Härte – garen. Rasch öffnen. Die Birnen im Wein erkalten lassen und gut gekühlt mit steifgeschlagener Sahne servieren. Auch Kirschen und Zwetschgen werden so zubereitet.

Garzeit: 3–5 Minuten

Milchreis

1 Tasse Rundkornreis, 3 Tassen Milch (oder 2 Tassen Milch, 1 Tasse Wasser), 1 EL Butter, 1 Pr. Salz, je nach Geschmack Zitronenschale, Rosinen, 1–2 EL Zucker, Vanillezucker, Zimt, braune Butter.

Da Milchreis sehr leicht anbrennt, den gewaschenen Reis im eingefetteten ungelochten Einsatz mit Milch, Salz, evtl. abgeriebener Zitronenschale und Rosinen ansetzen, wobei man auch zwei Einsätze mit je einer Tasse Reis verwenden kann. Auf den Boden des Schnellkochtopfs $1/4$ l Wasser geben, darüber auf den Einsatzträger den oder die Einsätze. Umrühren und Topf schließen. Nach einer Garzeit von 15 Minuten den drucklos gewordenen Topf öffnen. Den Reis jetzt nach Geschmack süßen und mit Zimt-Zucker und brauner Butter servieren.

Will man größere Mengen Milchreis kochen, so fettet man Boden und Seitenwände des Schnellkochtopfes gut ein, falls es sich nicht um einen Topf mit Antikleb-Schicht handelt. Den Reis gibt man in den gelochten Einsatz (mit Füßen) und so viel Milch mit Gewürzen darauf, daß sie etwa 2 cm über dem Reis steht. Nun den Topf schließen und 20 Minuten bei geringer Hitze (der 1. Ring soll gerade sichtbar werden) garen. Nach dem Öffnen den Reis süßen und anrichten wie oben beschrieben. Man kann den Reis aber auch einfach in Wasser (ungesalzen!), wie auf Seite 127 beschrieben, garen und dann mit gesüßter heißer Milch übergießen und würzen wie Milchreis. Fertig gekochter Milchreis – auch Reste davon – kann zu Aufläufen, Puddings, Reisschmarren und anderen Süßspeisen weiterverarbeitet werden.

Garzeit: je nach Menge 15–20 Minuten

Register

Aal auf Matrosenart 84
Aalsuppe; Hamburger – 52
Äpfel Timbale 135
Artischocken gekocht 99
Auberginen-Schnellgericht 99

Balkantopf 91
Birnen in Rotwein 139
Blattspinat 113
Blumenkohlcremesuppe 45
Blumenkohl (Karfiol) gedämpft 100
Böhmische Schweinefleischschüssel 62
Bohnen und Birnen mit Speck 94
Bohnen; dicke – mit Speck 101
Bohnen; grüne – (Fisolen) gedämpft
  oder gedünstet 101
Bohnensuppe Balkanart 48
Bohnen; weiße – 119
Borschtsch 89
Bouillonkartoffeln 122
Brathähnchen mit Pilzfüllung 77
Bretonischer Hammeltopf 92
Broccoli (Spargelkohl) mit
  Remouladensoße 102
Brühreis 128
Budapester Fischgulasch 83

Chicorée gedämpft 103
Chili con carne 90
Coq au vin 77
Courgetten s. Zucchini 116

Dicke Bohnen mit Speck 101

Eierstich 43
Erbsenbrei 118
Erbsen; junge – gedämpft oder
  gedünstet 103
Erbsensuppe 48

Fenchelteller; römischer – (Finocchi)
  104
Finocchi s. Fenchel 104
Fisch im eigenen Saft 81
Fischcurry auf Feinschmeckerart 84
Fischersuppe; Ungarische 52
Fischgulasch; Budapester – 83

Fischröllchen in Tomatensoße 83
Fischschnitzel »alla Romana« 85
Fisolen s. grüne Bohnen 101
Flämische Suppe 49
Fleischbrühe 41
Fruchtsuppe 53
Frühlingssuppe 42

Geflügelcremesuppe 44
Gefüllte Kalbsbrust 64
Gefüllte Kartoffeln 124
Gemüsetopf mit Fleisch 89
Grüne Bohnen (Fisolen) gedämpft
  oder gedünstet 101
Grünkohl, norddeutsche Art 105
Gschwellte 121
Gulaschsuppe 51
Gulasch; Szegediner – 92

Hamburger Aalsuppe 52
Hammelfleisch mit grünen Bohnen 94
Hammelfleischsuppe; Kaukasische –
  50
Hammelkeule à la Ninon 68
Hammelpörkölt
Hammelschulter in pikanter Soße 69
Hammeltopf; Bretonischer – 92
Hasenpfeffer mit Backpflaumen 72
Himmel und Erde 123
Hühnerbrühe 42
Hühnerfrikassee 76
Huhn in Wein s. Coq au vin 77

Irish Stew 93

Kabeljau; gefüllter – 85
Kalbsbraten 64
Kalbsbrust; gefüllte – 64
Kalbsfrikassee; Schwetzinger – 67
Kalbsgulasch 65
Kalbsrouladen 66
Kalbsvögel 66
Kalbs-Zungenragout 67
Karfiol s. Blumenkohl 100
Kartoffeln 121
Kartoffeln; gefüllte – 124
Kartoffeln; Käse- 124

141

Kartoffeln; Sahne- 123
Kartoffelsuppe; Wiener – 49
Käsekartoffeln 124
Kasseler mit Sauerkraut 61
Kastanien (Maronen); – gedämpft oder gedünstet 105
Kaukasische Hammelfleischsuppe 50
Kerbelsuppe 46
Kirschen in Rotwein s. Birnen in Rotwein 139
Kochfleisch 57
Königsberger Klopse 62
Kohlrabi gedämpft 106
Kohlrouladen 115
Kompott aus frischen Früchten 138
Kompott aus Dörrobst 139
Kraftbrühe 41
Krautwickel 115

Lauch (Porree) – Eintopf 93
Lauch (Porree) gedämpft oder gedünstet 108
Leberknödel 63
Leipziger Allerlei mit Fleischklößchen 95
Lendenschnitten; pikante – 60
Linsen-Curry 119
Linsensuppe 47

Maisbrei 130
Maiskolben 130
Mangold s. unter Blattspinat 113
Maronen s. Kastanien 105
Milchreis 140
Minestrone (italienische Gemüsesuppe) 50
Möhren gedämpft oder gedünstet 106

Nußpudding 134

Ochsenschwanzsuppe 43
Ochsenzunge in Madeira 58

Paella 96
Paprikagemüse, Peperonata 107
Pasta asciutta »alla bolognese« 131
Pellkartoffeln 121
Peperonata s. Paprikagemüse 107
Pichelsteiner 91
Pikante Lendenschnitten 60
Pilaw 128
Pilz-Kalbfleisch-Suppe 47
Pilzragout 108
Polenta/Maisbrei 130
Porree(Lauch)-Eintopf 93
Porree (Lauch) gedämpft oder gedünstet 108
Pot-au-feu 88
Prinzregentenpudding 135

Quarkpudding 134

Rebhühner; gefüllte – 73
Rehbraten; pikanter – 71

Reispudding 136
Reissuppe 43
Reis; Wasser- 127
Rinderherz-Ragout 59
Rindsrouladen mit Rotkohl 59
Ripperl mit Sauerkraut 61
Risi-Pisi 129
Risotto 128
Riz créole 127
Rosenkohl 109
Rotkohl s. a. unter Weißkohl 110; – dänische Art 114
Rotweinsuppe 53

Sahnekartoffeln 123
Salzkartoffeln 122
Sauerbraten »Winzer-Art« 58
Sauerkraut 110

Schalenkartoffeln 121
Schellfisch in Weinsoße 86
Schmorente; junge – französische Art 78
Schmortomaten 113
Schokoladenpudding 133
Schwarzwurzeln gedämpft 111
Schweinefleischschüssel; Böhmische – 62
Schweinerollbraten in Bier 61
Schweineschmorbraten; – Hausmacherart 60
Schwetzinger Kalbsfrikassee 67

Sellerie in Weißwein 111
Siebenbürger Wildragout 71
Soßen zu Dünstfisch 82
Spanisches Hähnchen 78
Spargel 112
Spinat s. Blattspinat 113
Suppenhuhn 75
Szegediner Gulasch 92

Teigwaren 131
Tomatencremesuppe 44

Ungarische Fischersuppe 52

Vanille-Creme; gestürzte – 133

Wasserreis 127
Weiße Bohnen 119
Weißkraut, bayerische Art 114
Wiener Kartoffelsuppe 49
Wildragout; Siebenbürger – 71
Wildschweingulasch »Chasseur« 73
Wildsuppe Jägerart 51
Wirsingtopf 95

Zucchini (Courgetten) in Sahnesoße 116
Zwetschgen in Rotwein s. Birnen in Rotwein 139
Zwiebelsuppe 45

Große Tafelfreuden

Von Edda Meyer-Berkhout und Isolde Bräckle.
Format 18×21 cm,
268 Seiten,
12 ganzseitige Farbtafeln,
4 Seiten Schwarzweiß-Abbildungen, vierfarbiger abwaschbarer Glanzeinband. Mit einem farbigen Faltplakat zur Schnellinformation.
DM 28,–

Auf dem neuesten Stand internationaler Erkenntnisse berücksichtigt dieses Buch sowohl alle Methoden des Gefrierens im eigenen Haushalt als auch die Verwendung des reichhaltigen Sortimentes von Tiefkühlkost. Appetitlich und frisch bleibt Tiefgefrorenes nur bei sachgemäßer Behandlung. Funktion, Wahl und Wartung von Gefrierschränken und -truhen, Lebensmittel, die sich zum Gefrieren eignen, ihre sachgemäße Vorbereitung und praktische Verpackung, das richtige Einlagern und die empfehlenswerten Aufbewahrungszeiten im Gefriergerät werden genau beschrieben. Darüber hinaus bietet das Buch erprobte Rezepte. Übersichtliche Tabellen dienen der schnellen Information.

Heimeran Kochbücher

humboldt-taschenbücher (in Klammern die Bandnummer)

praktische ratgeber
Kinderspiele (47)
Erziehen (80)
Kindersorgen (159)
Kinder basteln (172)
Arzt antwortet (176)
Leichter lernen (191)
Kinder raten (193)
Haushalt Rechenstift (194)
Eselsbrücken (197)
Seelenarzt (201)
Schönheitstips (203)
Erste Hilfe (207)
Vornamen (210)
Buchführung (211)
Katzen (212)
Haushaltstips (213)
Sekretärin (214)
Ruhestand (216)
Eigentum (217)
Dackel (224)
Traumbuch (226)
Geschäftsbriefe (229)
Kneippkur (230)
Unser Baby (233)
Anstreichen (234)
Werken mit Holz (235)
Zuckerkranke (236)
Schulsorgen? (239)
Nähen (240)
Reden f. jed. Anlaß (247)
Herzinfarkt (250)
So bewirbt man sich (255)
Speisepilz/Giftpilz (257)
Pudel (258)
Komma-Lexikon (259)
Schulanfang (262)
Kinder schenken (264)
Zimmerpflanzen (270)
Kakteen (271)
Handschriften (274)
Angst erkennen (285)
Wellensittiche (285)
Gästebuch (287)
Weine (288)
Goldhamster (289)
Geschenke (290)
Taschenrechner (292)
Schäferhunde (298)
So schreibt man Briefe (301)
Gutes Benehmen (303)
Fotolexikon (308)
Verdauung (310)
Herz- und Kreislauf (311)
Partnerwahl/Partnerschaft (312)

Gedächtnis/Konzentration (313)
Wie helfe ich krank. Hund (319)
Perf. Heimwerkstatt (320)
Einrichten-Repar.-Renov. (321)
Krankenversicherung (322)
Hundelexikon (332)
Außenarbeiten u. Haus (334)
Holzarbeiten z. Hause (335)
Autogenes Training (336)

kochen
Mixgetränke (218)
Tiefkühlkost (219)
Schnellküche (220)
Kalte Küche (221)
Fleischgerichte (222)
Fischgerichte (223)
Grillen (245)
Schnellkochtopf (251)
Diät Zuckerkranke (257)
Diät Leber Galle (260)
Backen (269)
Mittelmeerküche (275)
Salate (286)
Fondues (294)
Preiswert kochen (295)
Leichte Kost (306)
Allerlei Suppen (307)
Schlankheitsküche (316)
Nachspeisen (317)
Italienische Küche (328)
Hackfleischgerichte (329)

freizeit – hobby – quiz
Frag 3300× (23)
Briefmarkensammler (58)
Wer weiß es? (68)
Frag mich was! (79)
Schach (82)
Frag noch was! (83)
Frag weiter! (90)
Kreuzworträtsellex. (91)
Wer ist das? (118)
Wer knobelt mit? (143)
Vogelvolk (147)
Großwild Afrika (161)
Zaubertricks (164)
Zierfirsche (171)
Quiz i. Wort u. Bild (174)
Spielen Sie mit! (190)
Spaß m. Tests (195)
Tiere zu Hause (198)
Kartenspiele (199)

Der Garten (202)
Fotografieren (204)
Intelligenztest (225)
Partybuch (231)
Filmen (232)
Mit Zahlen spielen (237)
Skat (248)
Mikroskopieren (249)
Gartenarbeit (252)
Garten – angelegt (254)
Rätsel, leicht gelöst (263)
Modelleisenbahn (266)
Basteln mit Stoff (267)
Zeichnen (268)
Mein Aquarium (272)
Bridge (273)
Bergwandern (278)
Steine sammeln (280)
Gesellschaftsspiele (281)
Brettspiele (282)
Patiencen (293)
Schach ohne Partner (299)
Glücksspiele (309)
Häkeln (314)
Stricken (315)
Pfeife rauchen (318)
Taschenb. d. Jagd (325)
Filmen-Techn.-Motive (330)
Am Brunnen v. d. Tore 100 Volks- u. Wanderlieder (331)

sport für alle
Yoga (82)
Segelsport (123)
Selbstverteidigung (178)
Reitlehre (205)
Angeln/Fischen (228)
Gymnastik (228)
Skilanglauf (241)
Skisport-Berater (242)
Kegeln (243)
Tennis (253)
Ski – aktuell (265)
Tauchen (277)
Golf (279)
Sportschießen (300)
Taschenb. d. Sports (302)
Taschenlex. Wassersport (304)
Windsurfing Wasserski (305)
Pferde u. Reiten (323)
Sportbegriffe v. A-Z (324)
Kanu (326)
Meeresangeln (327)
Yoga+Gymnastik (333)

sprachen
Dänisch (124)
Englisch I (11)
Englisch II (61)
Englisch lernen (Bild) (296)
Französisch I (40)
Französisch II (109)
Französisch lernen (Bild) (297)
Italienisch I (55)
Italienisch II (108)
Russisch (81)
Serbokroatisch (183)
Spanisch I (57)

moderne Information
Wirtschaftslexikon (24)
Wörterb. Philosophie (43)
Musikinstrumente (70)
Rausch d. Drogen (140)
Kunst d. Völker (141)
Mengenlehre (142)
Computerrechnen (146)
Verhaltensforschung (148)
Leben, beginnt (149)
Transistoren (151)
Kultur (152)
Betriebswirtschaft (153)
Welt d. Sinne (162)
Elektrotechnik (163)
Organische Chemie (165)
Revolutionen (166)
Amerika (167)
Psychoanalyse (168)
Wortschatz (170)
Technik formt Leben (173)
Mit Atomen leben (177)
Taschenlex. Antike (180)
Rechenschieber (181)
Japan (185)
Moleküle (186)
Die neuesten Wörter (187)
Datenverarbeitung (200)
Pflanzen bestimmen (208)
Tiere bestimmen (209)
Weltatlas (227)
Psychologie (238)
PSI (244)
Volkswirtschaft (246)
Management-Begriffe (261)
Erkenne dich/andere (283)
Astrologie (284)
Weltgeschichte (291)
Wörterb. Psychologie (337)